高校体育科学管理的系统分析

符拾熊　著

SPM 南方传媒 | 广东人民出版社
·广州·

图书在版编目（CIP）数据

高校体育科学管理的系统分析 / 符拾熊著 .—广州：广东人民出版社，2023.12

ISBN 978-7-218-17104-3

Ⅰ.①高… Ⅱ.①符… Ⅲ.①体育教学—教学研究—高等学校 Ⅳ.①G807.4

中国国家版本馆 CIP 数据核字（2023）第 227206 号

GAOXIAO TIYU KEXUE GUANLI DE XITONG FENXI

高校体育科学管理的系统分析

符拾熊 著

出 版 人：肖风华

责任编辑：马妮璐
责任技编：吴彦斌 周星奎
装帧设计：马静静

出版发行：广东人民出版社
地 址：广东省广州市越秀区大沙头四马路 10 号（邮政编码：510199）
电 话：（020）85716809（总编室）
传 真：（020）83289585
网 址：http://www.gdpph.com
印 刷：北京亚吉飞数码科技有限公司
开 本：710mm×1000mm 1/16
印 张：13.75 **字 数**：218 千
版 次：2024 年 4 月第 1 版
印 次：2024 年 4 月第 1 次印刷
定 价：82.00 元

如发现印装质量问题，影响阅读，请与出版社（020-85716849）联系调换。
售书热线：（020）87716172

前　言

高校体育作为学校体育的最高阶段，是学校体育与社会体育的衔接点，是学生独立运用所学体育知识和技能进行自我锻炼的转折点。《中共中央国务院关于深化教育改革全面推进素质教育的决定》中指出："健康体魄是青少年为祖国和人民服务的基本前提，是中华民族旺盛生命力的体现。学校教育要树立'健康第一'的指导思想，切实加强体育工作。"党的十八届三中全会《中共中央关于全面深化改革若干重大问题的决定》中对学校体育工作做出重要部署，明确提出要"强化体育课和课外锻炼，促进青少年身心健康、体魄强健"。由此可见，高校体育工作受到了党和国家的高度重视。因此，高校体育必须始终坚持"健康第一"的指导思想，把高校体育摆在高校教育的突出位置，全面贯彻党的教育方针，把增强学生体质作为学校教育的基本目标，培养学生的终身体育习惯和健康的生活方式，健全学生人格，这是高校教育全面落实科学发展观、坚持以人为本的必然要求，是把提高教育质量作为当前教育工作重点的必然要求。

然而，近年来高校体育的发展也出现了一些急需解决的现实问题，如大学生在体育教学中表现出的积极性较差，体育教师教学水平和科研能力仍然在低水平徘徊，高校体育设施和器材还未能高效利用以满足大学生日益增长的体育需求，这些问题严重影响着人才培养质量，阻碍了高校体育在全面人才培养当中独特作用的发挥。高校体育要突破现有困境，除了要加大对体育的投入，不断进行体育综合改革以外，加强对高校体育的管理，发挥现有体育资源的最优配置也是重要的内容之一。

高校体育管理是遵循学校教育和学校体育的基本规律，运用科学的管理理念，调动整个学校从领导、体育管理部门、其他有关部门、体育教师对学生的积极性，优化整合学校管理资源，以尽可能少的人力、物力和财力，采用最佳手段和方法，对体育课程教学进行组织、指导、检查、评定，促进基础建设，完善内部管理，规范教学行为，强化过程管理，提高教学质量，使学校体育课程教学形成制度化、规范化的一整套科学体系。

高校是育人的单位，高校的主要活动是育人活动，亦即教育活动，其中也包括体育教育活动。因此，高校体育管理既是体育管理的一个重要分支，又是高校教育管理的重要组成部分。那么，作为学校体育工作中心环节的体育课程教学自然也是高校课程体系的重要组成部分，它的服务对象主要是高校大学生，管理的范畴包括机构配置、群体活动、课堂教学、业余训练、体质健康、场馆器材、体育经费、体育师资、科学研究等，以及为体育课程教学服务的其他方面。

全书共分为八个章节。前两章依次阐述了高校体育管理的基础理论、高校体育管理的方法与操作，第三章至第八章分别研究了高校体育教学管理、高校课外体育活动管理、高校体育文化管理、高校体育资源管理、高校体育安全管理、高校大学生体质健康管理与运动促进。

从整体结构上来看，全书从理论到实践，全面铺开论述，内容系统且有层次。本书采用了深入浅出的方式，将与之相关的基本理论、基本知识、方法等按照清晰的逻辑关系阐述出来，对于读者的理解大有裨益。

本书在高校体育科学管理方面具有重要意义。在撰写过程中，笔者参阅了许多专家、学者的相关理论著作，在此谨向他们表示由衷的感谢。虽然笔者力求理论清晰、观点创新，但由于学识有限，难免有疏漏之处，恳请广大读者批评指正。

作　者

2023 年 8 月

目　录

第一章

高校体育管理的基础理论

体育是社会生活中的一个重要组成部分，体育管理学的研究可以探索体育与社会的关系，了解体育对社会的影响和作用，为促进社会发展做出贡献。体育是维护人们身体健康和提高生活质量的重要手段，体育管理学的研究可以为人们提供更好的体育服务和管理，促进人们的身体素质和生活质量的提高。

第一节　体育管理学理论

体育管理学是指研究体育组织和管理的学科，主要关注如何运用管理原理和技术来规划、组织、领导和控制体育活动、运动队伍、运动场馆、运动赛事、体育产业等相关的体育组织和活动。体育管理学的研究范围涉及体育组织的建立与发展、运营管理、市场营销、人力资源管理、财务管理、法律问题等各个方面，旨在提高体育组织和管理者的能力和水平，推动体育事业的健康发展。体育管理学是一门综合性的学科，需要运用经济学、管理学、行为科学、心理学、法律学等相关学科的理论和方法来解决具体问题。

这是一门以马克思主义哲学和秩序理论为指导的现代科学，其研究目的是实现该系统的高效率和整体有效性。体育作为一种社会现象，涵盖了体育管理广泛的领域：从内容上看，它包括体育学校、竞技体育和社会体育。从组织的角度来看，有政府、社会组织和群众组织。从报告的角度来看，它几乎涵盖了社会的方方面面，包括学校、政府机构、工厂、农村地区、城市社区、武装部队甚至家庭。这种类型的体育锻炼是重叠的，并且与科学的组织和管理密切相关。

体育作为一个社会问题，必须解决其存在和发展的两个方面：体育与外部秩序的关系和体育与制度的内部关系。随着人类文明和体育的发展，体育已经从纯粹的“私人事务”演变为整个社会公共利益的一部分。体育与社会秩序之间的关系变得越来越复杂。要协调体育与外部系统的关系，就必须依靠科学的管理理念和有效的管理方法，制订全面的计划，并从体育发展的范围、速度、性质、结构和规划等方面采取措施。与此同时，体育运动的范围不断扩大，各要素之间的关系也越来越复杂。有必要从理论和实践的角度采用科学的研究方法来提供答案。

体育管理学是近年来发展较快的一门新兴学科，其历史发展主要经历了以下几个阶段。

前现代阶段：早期的体育组织和管理主要是由教会、贵族、政府等特权阶层掌控，以体育活动为手段进行政治和宗教宣传。在此期间，体育组织和管理还未形成独立的学科体系。

现代化初期阶段：20世纪初，随着现代国家的兴起和体育产业的发展，体育组织和管理开始逐渐成为独立的学科，涌现了一批体育教育学、运动管理学等相关学科的教育机构和研究机构。此阶段的代表性人物将管理学和体育教育学相结合，为体育管理学的发展奠定了基础。

现代化阶段：20世纪60年代至70年代体育管理学逐渐形成了独立的学科体系，成为体育教育学、体育科学等学科领域中的重要分支。此时期，体育管理学主要研究体育组织管理和经营管理方面的问题，如体育场馆建设与管理、运动队伍组织与管理等。同时，体育管理学开始引入市场营销、财务管理等现代管理学理论和方法，为体育产业的快速发展提供了支持。

现代化高峰阶段：20世纪80年代至90年代，体育产业蓬勃发展，体育管理学也随之进入高峰期。此阶段，体育管理学主要研究市场营销、品牌管理、人力资源管理等方面的问题，以及体育品牌营销、体育产业政策调整、赞助与推广策略的制订等。同时体育管理学也逐渐扩大了研究领域，开始涉及体育法律、体育心理、体育医学等多个方面。

一、体育管理学的学科性质

随着社会经济的发展，体育产业已经成为一个庞大的产业，体育管理学的研究可以为体育产业的发展提供指导和支持，促进体育产业健康、持续发展。体育是一种跨越国界的文化和语言，体育管理学的研究可以促进国际体育交流和合作，加强不同国家和地区之间的相互了解。

（一）体育管理学是一门具有双重属性的交叉性边缘学科

体育管理研究利用管理科学的知识来监控和解决体育领域的问题。体育运动是一种特殊的文化现象，具有不同于其他领域的独特特征。处理体育运动中的问题必须从体育运动的独特角度开始。如果我们放弃或偏离这一基本点，我们就找不到体育运动的基本规则。

管理科学可以通过改变对体育运动的传统看法和丰富体育管理体

系的认知，为观察、理解和解决体育领域的问题提供另一种方式。从跨系统方法论的角度来看，现代管理体系中的科学理论、各种方法和技术构成了体育管理基本方法论的基础。没有科学和有效的系统管理方法，体育管理就无法取得进展。

（二）体育管理学是一门综合性科学

尽管体育管理是人类社会的一项实践活动，但很明显，仅靠社会科学知识解决体育管理问题是不够的。在管理体育场馆和设备时，我们的目标是尽可能少地使用资源，以实现最佳的实际效果。

因此，体育管理涵盖了许多学科，如自然科学、社会科学、思想科学、人类学、心理学、系统科学等。

（三）体育管理学是一门软科学

体育管理是对体育系统实践和发展的研究，是对如何协调人力、财力、物力和其他设备的研究。营造和谐的管理氛围，行使集体权利，实现最大的效率和效益。

在社会秩序中，“硬件系统”主要指劳动力、物力、财力等有形因素，“软件系统”主要指权力、信息等。软科学是综合运用自然科学、社会科学、人文科学、理论数学和方法，以解决现代科学、技术和生产问题，从而协调商业、社会和科学新兴学科的发展，并为决策提供令人满意的解决方案。体育管理是在多学科的基础上进行的。制订决策计划也是协调体育发展的一个有价值的方向。从这个意义上说，它属于一种软科学。

二、体育管理学与主要相关学科的关系

体育管理学和社会学的研究都离不开对社会背景的分析和理解。体育管理学需要考虑到社会变迁和社会经济状况等因素对体育组织和管理的影响，而社会学则可以为体育管理学提供理论支持和研究方法。社会学在研究社会体育现象方面具有独到的优势，可以为体育管理学提供有关社会体育现象的深入分析和理解。同时，体育管理学可以通过研

究社会体育现象来指导体育组织的实践，提高管理水平和效率。

在体育管理的研究过程中，越来越多的现代科学方法被使用。在这个过程中，需要运用数学工具，借助计算机不断提高理论数学管理和定量科学研究的水平。随着中国体育事业的发展，科学的体育管理已成为一个紧迫的问题。这一需求要求我们尽快建立和完善体育管理体系。

（一）体育管理学与体育概论的关系

体育管理学和体育概论是两个相互关联且相辅相成的学科，它们共同构建了现代体育领域的知识体系。体育管理学旨在研究体育组织和机构的运营管理，而体育概论则为我们提供了对体育活动本质、历史、发展、理论和实践等多个层面的全面认识。

首先，体育概论为体育管理学提供了理论基础和学科支撑。体育概论研究体育的定义、分类、目标、意义以及与其他学科的关系，深入分析体育活动的社会、文化、经济和心理等方面的内涵。这些研究结果为体育管理学的实践提供了指导和依据。通过了解和掌握体育活动的本质和特点，体育管理者可以更好地进行组织规划、资源配置、人员管理等工作，为体育事业的发展提供有效支持。

其次，体育管理学与体育概论相互促进，推动了体育领域的综合发展。作为一门应用性学科，体育管理学需要与实践相结合，将理论知识转化为实际操作。而体育概论则提供了广泛的知识视角和方法论，使体育管理者能够更加全面地认识和理解体育活动的内在规律和外部环境。通过对体育概论的学习和探讨，体育管理者可以不断完善自身的理论体系，提高决策水平和管理能力，从而更好地适应和引领体育事业的发展。

此外，体育管理学和体育概论在培养高素质体育专业人才方面具有重要作用。体育管理学注重培养人的管理思维和实践能力，使他们能够成为具备管理理论和技巧的专业人才。而体育概论则为人提供了学科知识的基础，帮助他们建立起对体育活动的全面认知和理解。通过学习体育概论，人能够掌握体育学科的基本概念和理论，培养科学研究和批判性思维能力，为将来的体育管理工作打下坚实的基础。

综上所述，体育管理学与体育概论在现代体育领域中相互关联、相辅相成。体育概论为体育管理学提供了理论基础和学科支撑，推动了体育领域的综合发展；而体育管理学则通过应用性研究和实践操作不断丰富和完善体育概论，促进了体育学科的进一步发展。同时，体育管理学和体育概论的结合也为培养高素质体育专业人才提供了重要基础。只有深入研究和探讨体育管理学与体育概论的关系，才能更好地推动我国体育事业的繁荣与发展。

（二）体育管理学与体育经济学的关系

具体表现在以下几个方面。

运动产业的经济发展：体育管理学需要关注和研究运动产业的经济发展规律，而这正是经济学的研究范畴。体育管理者需要了解市场经济和商业模式，为体育产业的经济发展提供支持。

运动员的市场价值：体育运动员不仅是国家的荣誉，还是市场上的商品。体育管理学需要考虑和研究运动员的市场价值，而这也是经济学中的研究对象。体育管理者需要了解市场机制和市场规律，为运动员的职业规划和转型提供支持。

体育赛事的经济效益：体育赛事不仅仅是一种竞技活动，还具有经济效益。体育管理学需要研究和评估体育赛事的经济效益，而这也是经济学的研究领域。体育管理者需要了解和掌握经济学的相关知识和技能，制订和实施有效的赛事管理和经济运营策略。

体育场馆的建设和管理：体育场馆的建设和管理需要大量的资金和人力物力资源，而这需要经济学的支持和保障。体育管理学需要掌握一定的经济学知识和技能，设计和实施有效的体育场馆建设和管理方案。

与其他学科相比，体育经济学在体育管理中的基本功能越来越明显。他们之间有着密切的内部关系。该综合体专注于当前的“好处”。体育经济学研究为为什么应该突出益处以及如何突出益处提供了理论基础，而体育管理研究为实现益处提供了管理工具。此外，经济手段也是体育管理的重要手段。没有经济手段，很难实现科学有效的管理。

体育管理与群众体育、体育学校、体育训练和体育比赛之间的关系构成了体育管理理论发展和方法形成的基础。物理管理应遵循从研究中获得的规则，为每个部门提供理论指导。相反，体育管理研究推动了对群众体育、体育学校、体育训练和体育比赛的研究。

(三)体育管理学与体育法学的关系

体育管理与体育法之间的关系是相辅相成、相互影响的。人们普遍认为,体育法的基础研究越强,体育管理的应用也更强。

(四)体育管理学与体育决策学的关系

体育管理学与体育决策学是紧密相关的学科领域,它们共同关注的是体育组织和运动项目的管理和决策过程。虽然它们有一定的重叠和相互补充,但又各具特色和独立性。

体育管理学是一门以管理理论和实践为基础,研究体育组织和机构管理的学科。它关注的是如何有效地组织和管理体育资源、人力、财务、设施等方面,以实现组织目标和提升运营效率。体育管理学的研究内容包括战略规划、组织结构、人力资源管理、市场营销、财务管理、运营管理等方面。通过科学合理的管理方法和工具,体育管理学旨在帮助体育组织和机构提高竞争力,实现可持续发展。

体育决策学则侧重于研究体育决策过程中涉及的各种因素、方法和工具。它涉及的范围更广,包括政策决策、战略决策、运营决策、人力资源决策等。体育决策学通过科学的方法和技术,为决策者提供决策支持和分析工具,以便更好地制订决策方案、评估风险、优化资源配置,并在不确定和复杂的环境中做出明智的决策。体育决策学的研究内容也与体育管理学有一定的交叉,但更注重于决策过程本身和决策结果的分析与评估。

体育管理学和体育决策学之间存在着密切的联系和互动。体育管理学提供了一系列管理理论和方法,为体育决策学的实践提供了基础和指导。而体育决策学通过对实际决策问题的研究和分析,为体育管理学的理论和实践提供了反馈和验证。两者相互促进,共同推动了体育组织和机构的发展。

在实际应用中,体育管理学和体育决策学的结合可以帮助体育组织和机构更好地应对挑战和机遇。例如,在体育赛事的策划和组织过程中,体育管理学可以提供营销和运营的知识,而体育决策学可以提供风险评估和决策支持的工具。通过综合运用体育管理学和体育决策学的理论和方法,体育组织和机构能够更加科学地制订战略计划、优化资源配置、提升运营效率,并在激烈的竞争环境中取得成功。

(五)体育管理学与心理学的关系

体育管理学与心理学之间存在着密切的关系。具体表现在以下几个方面。

运动员的心理健康:在高强度的训练和比赛中,运动员可能会出现各种心理问题,如焦虑、紧张、疲劳等。体育管理学需要关注和解决这些问题。

体育比赛中的心理因素:体育比赛不仅是技术和体能的比拼,还包含着各种心理因素,如竞争压力、意志力、心态等。体育管理学需要了解和研究这些心理因素,为比赛策略的制订和调整提供支持。

体育教师的心理素质:体育管理学需要培养和提高体育教师的心理素质,而这也是心理学的研究对象。体育教师需要具备一定的心理学知识和技能,以更好地管理和指导运动员。

第二节　高校体育管理的含义与特点

一、高校体育管理的定义

高校体育管理是指在高等教育机构内,对体育项目和体育设施进行规划、组织、实施和管理的过程。这包括对校园内各类体育活动的安排、指导和管理,对体育生的选拔和培养,以及对体育设施的维护和更新等方面的工作。高校体育管理旨在提高学生的身体素质、培养他们的运动技能,增强团队合作精神和竞争意识,促进学生的全面发展。同时,它也为学校的教育教学工作提供了有力的支持和保障。

中国高校体育管理的任务包括:阐明高校体育教育的指导方针和发展目标。在各级学校建立和改善体育管理设施,建立全套管理体系,并确定相关设施和员工的管理责任。科学地制订学校体育管理计划和文件,以满足学校体育发展的需要。组织和管理学校体育教育的各个方面，以确保以低消耗和高效率的方式顺利开展所有活动。协调学校体育管理部门之间的关系，为学校体育发展提供基本材料和技术，并为学生创造良好的学习环境。审查和评估普通学校和特殊学校的体育管理，以促进体育教育质量和学生健身质量的持续提高。

二、高校体育管理的特点

（一）多样性

高校体育管理涉及的体育项目和活动种类繁多，包括体育课程、运动队训练、校园体育比赛等，需要根据不同的人群和需求进行分类、安排和管理。

（二）方向性

高校体育管理应该明确高校的主要目标是培养适应社会主义现代化需要的合格人才。它应该让公共机构参与学校教育，正确管理公共机构与其他教育活动之间的关系，使它们能够共同实现融合效果。

（三）系统性

大学体育是一个复杂的、不断变化的动态系统。为了使这一体系和谐运行，我们必须不断提高体育大学的管理效率。因此，有必要创建一个强大的综合系统，掌握不同的系统和控制方法，及时接收各种管理信息和反馈，以保持教育管理系统的健康发展。

第三节　高校体育管理的目标与任务

一、高校体育管理的目标

高校体育管理应该有一个整体的目标，以确保体育教育的质量和高校体育运动的发展。这个目标应该与高校的整体发展战略相一致。这个目标可以包括各种项目的比赛成绩、体育生的训练质量、体育生的综合素质等方面。这个目标还可以包括学生体育课程的质量、学生的身体素质和健康水平等方面。

高校体育管理的主要目标是促进学生的身心健康和全面发展，同时也为学校的教育教学工作提供有力的支持和保障。通过开展各类体育活动，使学生养成良好的锻炼习惯，增强体质和身体素质，降低健康风险，提高生命质量。通过针对性的体育课程和运动队训练，帮助学生掌握各种运动技能，提高运动水平和竞技能力。通过组织各种体育比赛和活动，让学生体验竞争和合作的过程，培养他们的团队合作精神和竞争意识。通过培养体育生的领导能力，使他们能够在团队中承担更多的责任和角色，提高自己的领导才能。通过为教育教学工作提供有力的支持和保障，促进学校教育事业的发展。

高校体育管理要注重整体规划和协调，包括设施建设、教育培训、比赛组织等各个方面。通过系统性的管理，可以提高体育工作的效率和水平，更好地满足广大师生的体育需求。

（一）课外群体活动管理

课外群体活动是高校体育管理的重要组成部分。通过组织各种体育俱乐部、社团和校内比赛等活动，可以丰富学生的校园生活，为他们提供更多的锻炼和交流机会。同时，课外群体活动也可以培养学生的组织能力、沟通能力和创新能力。因此，高校体育管理需要注重对课外群体活动的组织和管理，为学生提供更多的发展空间和平台。

（二）目标管理系统

1. 加强制度管理

为了确保每项任务的正常运行，必须有一套符合客观现实的科学和方法规则。这些系统可以包括：教师培训和体育管理系统的基本标准；管理人员和员工的责任；体育设施、体育场馆、游泳池等。制度管理主要表现在组织能力、创造力、决策能力，即正确使用管理原则的能力、使用管理方法的灵活性，科学地调动管理者和员工的热情。

2. 调动学生内部动力

目标管理法是一种通过设定明确的目标并制订可操作的计划来推动组织或个人行为改变的管理方法。在高校体育管理中，运用目标管理法可以调动学生的内部动力，激发他们参与体育活动的热情。

首先，明确的目标可以给学生提供明确的方向和意义。学生在参与体育活动时，如果没有清晰的目标，很容易产生迷茫和消极情绪。通过设定明确的目标，例如提高技术水平、参加比赛、培养团队合作等，可以让学生明确自己参与体育活动的目的，并为之努力奋斗。

其次，可以设置可量化的目标，并制订可操作的计划。通过将目标细化为具体的行动计划，学生可以更好地理解自己需要做些什么，以达到目标。例如，制订每周训练计划、参加特定比赛等，这样学生可以逐步实现目标，并获得成就感和满足感，进而保持积极的动力。

3. 合理利用评价

合理利用评价是高校体育管理中的另一个重要方面。通过评价，可以及时了解学生的发展情况和存在的问题，并采取相应的措施进行调整和改进。

首先，针对学生参与体育活动的目标设定评价指标。通过制订科学合理的评价指标，可以客观地评估学生在体育活动中所取得的成绩和进步情况。例如，技术水平的提高、团队合作能力的增强等，这些都可以作为评价的指标，帮助学生了解自己的发展状况。

其次，及时反馈评价结果并给予激励。在评价过程中，及时向学生反馈他们的表现和进步情况，可以增强他们的自信心和动力。同时，根据评价结果，给予学生适当的激励，如表彰、奖励等，以鼓励他们继续取得进步。

最后，利用评价结果进行管理调整。通过对学生参与体育活动的评价结果进行分析和总结，可以发现存在的问题和不足之处，并相应地进行管理调整。例如，对于技术薄弱的学生可以提供个别辅导，对于团队合作意识不强的学生可以加强协作训练等，以促进学生全面发展。

二、高校体育管理的任务

体育管理是高校实现体育目标的一种方式。管理必须付出代价，但没有管理就不可能有效，而且会处于混乱状态，导致无法实现目标。如果行政成本是正的，那么准确定义学校管理的任务和责任是至关重要的。大学体育教育的主要任务是根据党的教育政策和科学发展观，执行有关体育教育的法律法规。高校体育管理是一个纵向管理和横向管理相结合的开放系统。系统内各级管理人员和员工必须承担相关行政任务，履行职责，确保系统内各项工作的顺利进行。

在大学提供的课程中，体育当然对所有学生来说都非常实用。与其他课程相比，体育学院的课程包含丰富的道德元素，具有强大的道德教育功能。它为大学完成培养人才、发展高等教育和全面发展人才的基本任务提供了重要途径。高校体育管理者需要负责组织和管理各种体育活动，包括课程、比赛、训练、运动会等，确保这些活动的顺利进行，并且要满足学生和教职工的需求。高校体育管理者需要负责规划、设计、建设和维护各种体育设施，包括运动场馆、健身房、游泳池等，以提供良好的体育场所和设施。

高校体育管理者需要负责管理和培养各类体育人才，包括教练员、裁判员、志愿者等，以保证体育活动的顺利进行。高校体育管理者需要负责推广和营销体育品牌，包括校内体育品牌和学校体育部门的品牌，以提高其知名度和影响力。高校体育管理者需要负责策划和组织大型体育赛事，包括校内比赛和全国性比赛，以提高学校的知名度和影响力。高校体育管理者需要管理体育预算和资金,确保体育活动的经费使用得当,并且尽可能地节约经费,以保证体育活动的可持续发展。

第四节　高校体育管理的内容与职能

一、高校体育管理的内容

高校体育管理的内容是一系列专注于高校体育目标和任务的活动。

(一)体育教学课前管理

加强课前体育教育管理,有利于实现体育教育的具体目标。具体内容包括以下几方面。

(1)有必要了解学生的兴趣、爱好、性格特征、身体健康和家庭状况,根据他们的特点为体育教育决策做准备。

(2)在运动场上规划和布置场地设备,以满足最大的运动需求。

(3)在深入研究的基础上,根据学校体育教育的要求,制订年度课程工作计划、班级课程计划、课程单元工作计划等。

(4)向体育部门报告各项计划,分析实施各项计划的可行性,最终实施各项计划和控制计划。

(二)体育教学课中管理

课堂管理中的体育教育主要反映课程是否严格按照课程进行,是否按照目标和要求进行教学。

(三)意外伤害事故管理

(1)学校必须培训监督教师和工作人员履行职责,并根据实际情况采取必要措施,避免和消除可能导致学生受伤的风险。学校应根据不同年龄学生的生理、心理和教育特征，制订和改进管理和保护学生的规则和制度。学校必须改进安全措施，体育场和设施必须符合安全标准。学校必须对主要文化和体育活动的安全性进行必要的检查，要求活动经理严格遵守操作程序。

（2）现场处理和事故管理。为了实现这一目标，必须做到以下几点：第一，通过达希尔评估并采取适当措施。由于事故的性质，应作出正确的判断并采取适当的救援措施。轻伤可送往治疗室接受治疗，重伤或危及生命的应立即送往救援医院。第二，及时提交报告。如果发生重大事故，应立即通知家长、校长、当地警察局或相关部门，并提供有关事故时间和地点、原因、后果和治疗的详细报告。第三，填写事故报告。报告内容应实事求是，必要时应提供证人和证据。如果严重事故导致死亡，最好咨询当地法医。

（四）体育课教学质量评估

教育质量评估和检验的主要形式包括全面质量、检验和抽样检查。评估教学过程的各个方面，包括了解学校的体育课程、了解学校的各种教学规则、科学地编制教学计划、组织体育课、清晰的体育和合规性标准。选择性检查方法是指学校或体育科学研究部门（小组）负责体育的人员，以不定期地进行体育选择性检查。检查内容可以是对体育或教学计划任何部分的检查。无论是全面的质量控制还是采样，质量评估的目标都应该明确，质量评估的要求应该统一，并且应该有相对统一的评估标准。

二、高校体育管理的职能

（1）体育项目规划和管理：负责制订高校体育项目的规划和管理方案，包括体育场馆的建设、设备的购置、体育生的招募和培训等。

（2）竞赛组织和管理：负责组织和管理高校内外的各类体育比赛、运动会等活动，包括场地的预定、裁判员的招募、比赛日程的安排、比赛成绩的统计等。

（3）健康教育和促进：负责开展体育健身教育和促进活动，组织学生进行各类体育运动，提高学生的身体素质和健康水平。

（4）社会服务和交流：负责开展与社会的体育文化交流和服务活动，包括举办公益性体育赛事、为社会提供健身咨询和指导等。

（5）财务管理和资源配置：负责高校体育项目的财务管理和资源配置，包括制订预算计划、进行资金监管、优化资源配置。

高校体育管理的职能涵盖了体育项目规划、竞赛组织、健康教育、社会服务和财务管理等多个方面，旨在为学生提供全面的体育服务，提高学生的身体素质和健康水平。

第二章

高校体育管理的方法与操作

高校体育管理的方法与操作旨在促进学生身心健康发展，提高竞技精神和团队合作意识。关键方法包括建立完善的管理机构和制度、加强设施建设和资源投入、开展全方位的体育活动和课程，以及加强宣传推广工作。通过这些方法，高校能够为学生提供良好的体育环境，激发他们参与体育活动的热情，实现学生的全面发展和健康成长。

第一节　高校体育管理的原则与方法

一、高校体育管理的原则

（一）规范性原则

高校体育管理的规范性，要求学校体育建立必要的规章制度和工作规程。它既可以保证学校体育管理者正常、稳定的工作秩序，又可以维护和保证学校各类体育活动正常合理地进行。

（二）有序性原则

高校体育管理的有序性，主要表现在管理过程的三个基本环节，即计划、实施、检验，也反映了管理活动的有序性。不论是学校体育工作，还是体育课教学、课外体育活动、课余体育训练、体育竞赛，在实施管理时，都要按照这三个基本环节进行。

（三）整体性原则

高校教育管理是一个有机的整体系统，它由若干个子系统组成，学校体育管理作为学校教育管理的整体系统，它自身又是一个由若干子系统组成的整体系统，它们之间是相互联系、相互制约的，并形成了学校体育管理的整体，为完成学校体育的总目标服务。

（四）教育性原则

高校体育管理本身也是一种教育，学校体育管理的教育性原则，体现在学校体育管理者和体育教师的表率作用方面。高校体育管理者和体育教师在管理中以身作则、为人师表,其影响力和感召力是不可估量的。

(五)有效性原则

贯彻有效原则要求在实施高校体育管理时,对管理工作的效率和效果进行科学的评价。

(六)可控性原则

检查和评估将确定在实现目标方面取得的成就,在实施过程中遇到的问题,以及需要改变或推进的领域。在评估返回决策部门的结果和意见后,应解决遇到的问题,使初始目标更加现实。

(七)效益性原则

效益性原则就是要求在高校体育教师专业素养的管理中讲求高效低耗,注重实际成效。应把高校体育教师专业素养的管理重心放到教学效果的验收环节上,以促进体育教师的素质提高,包括专业知识、教学技巧、运动技能等方面得到科学、合理、优化的配置和使用。

(1)即时效益。即课堂教学效果。课堂教学是教学的基本组织形式,也是教师体现自己的专业素养、实现劳动价值的主要途径。课堂上,体育教师只有把那些枯燥的运动技术教得引人入胜,使学生学得生动活泼,积极主动,教师的教和学生的学达到和谐统一,才能取得令人满意的教学效果。

(2)期望效益。即学生所要达到的质量预期标准。学生的质量是专业素养效益性的远期检验。在平时的教学活动中,体育教师肩负传播体育科学知识、提高学生运动技能、促进学生体质健康、培养学生创新精神等多方面的重任。因此,对学生的思想品德、体育文化知识和运动技能等方面的全面、综合的检验,是高校体育教师专业素养在平时潜在的教学过程中得以充分体现的效益保证。

(3)超前效益。即开展体育科学研究获取研究成果。现代体育教师应当自觉地投入教学和训练研究中，这不仅是科学合理的教学和训练的必然要求，也是体育教师实现自身价值的途径。在现代高校体育教学实践中，不从事教学研究工作就很难成为高品质的优秀教师。一名体育教师只有能抓住教学实践中所存在的大量问题和现象，从教育的基本原理出发判断它的性质与意义，总结其存在和发展的规律，并提出具有预见性的解决方案，才能充分表现出他的教学素养对自我教学实践的超前指导意义。

上述各种原则是相互联系的有机整体，它们组成了高校体育管理的原则体系。这些原则要在实际工作中根据学校的具体情况和工作实际，有效地加以运用并使之具体化。

二、高校体育管理的方法

（一）因人制宜，符合个人特性

所谓因人制宜，就是要根据人自身的特性，制订相应的管理措施。具体到学生工作，就是要根据学生的实际，全面了解和尊重学生的特性，量体裁衣、有的放矢地开展教育管理工作。

1. 要适当保护和尊重学生的个性

要适当保护和尊重学生的个性。和其他学生相比，大学生的个性特征尤其鲜明。如从总体来看，大学生与其他学生相比较为成熟，他们往往更早地了解社会中的各种现象，并能较快地适应，表现为处世灵活；重义轻利、勇于竞争，也是大学生共同的优良品格，表现为重视比赛成绩，与人交往中崇尚古代的侠士风范；等等。当然，作为个体来说，同样也有着千差万别，比如有的固执己见，抱残守缺不以为憾，有的老于世故，善于在你来我往中纵横捭阖，有的沉静，有的开朗，有的无视自己的不良习惯，有的坚持自己的优良品行等。高校学生纷繁复杂的个性特点要求管理者要充分了解个人的特点，扬其所长，避其所短，适当尊重和保护其个性，才能调动其积极性，自觉地支持管理活动，使管理工作成为一种积极的活动。如果管理者对所有的成员用一个标准，一个声音，一种模式，一种态度，固然管理者的工作大大简化了，但是管理的效果不会很好。

2. 发挥人的能动性

人是生活在一定的社会关系中，人与人之间是相互联系、相互影响、相互制约的。这种现实状况要求管理者具有坚持原则的勇气，能够处处从大局着眼，从公正处理每件小事入手，古人云“不偏不党，王道荡荡”说的也是这个意思。普通高校的学生肩负着重要任务：一是每天进行体能和专项训练，不断提高运动成绩，为给学校争得荣誉做好准备；二是要学好专业课知识，争取文化课成绩过关，能够顺利走出校门，找到适合自己的职业。学生的这两项任务同等重要，完不成第一个任务会影响自己在校期间的地位，而完不成第二个任务则直接影响就业。所以他们的任务是艰巨的，需要付出很大的努力。在活动中调动起每个人的积极性、主动性，发挥他们的能动性，才能确保组织目标的实现，同时也能够为个人目标的实现提供保障。

（二）因地制宜，适应和改造环境

普通高校学生的管理系统存在于一定的校园环境之中，并受其制约，所以必须认真加以研究、分析，做到因地制宜，适应环境，才能有效地实施自己的管理计划。对高校学生管理系统所处环境而言，可以分为外部环境和内部环境两个部分。

一般说来，管理系统的外部环境是一个非常复杂的体系，但是具体到普通高校学生管理这一较小系统自然环境是不具有明显影响的，社会环境的作用也是间接的，较为直接和明显的作用于该管理系统的是校园环境。如校风、学风、校园文化等一系列人文环境及整个学校长期以来形成的教学管理模式，其中学校的学生管理系统是最直接作用于学生管理的上一级系统，这一外部环境对学生管理的作用体现在以下几方面。

（1）该管理系统是适应外部环境的需要而产生的。

（2）外部环境的需要不仅决定了管理系统的产生，而且制约着其价值观、管理目标、管理幅度、层次、规模、结构及管理行为方式。

（3）管理系统与外界不断进行信息、物质和能量的交换。

人员的多少，素质如何，这是制约管理活动的主要内容和产生直接影响的内部环境。管理者的思想观念、工作作风、文化水平、工作能力以及被管理者的文化素养、个性特征、行为特征、行为准则等在普通高校学生的管理系统中，都具有非同寻常的影响力；制度建设是服务于管理目标的必要手段，制度根源在系统自身，但一经确定，就成为一种客观力量，对管理行为起着制约和引导作用，这是管理系统中至关重要的一部分；人际关系在管理活动中也是不可忽视的因素，好的人际关系对管理工作将起到推动作用。

谈到员工素质，管理者应该不断提高生活质量和领导力。同时，我们应该充分了解体育学生的现状，充分利用条件，实施有效的管理。在制度建设中，体育管理体系必须高度重视制度建设，制度清晰、流程有力。因此，高校体育管理体制应更多地适应外部环境，而内部环境应以改革为导向。

（三）因时制宜，提高管理效益

高校学生管理工作要提高效益，就是要通过有效的管理手段，培养合格的社会所需要的人才。其中社会需要、四有新人的标准是管理活动的指挥棒，是管理效益高低的唯一标尺。因时制宜，就是要根据社会发展的需要调整管理活动的方方面面。学生与普通大学生相比在文化水平上存在较大差距，他们的入学分一般比录取线低 100 ~ 300 分，并且在专业选择上是文史、经管类，这类专业毕业生更需要将目光紧盯市场变化，根据市场对这类人才的需求走势，适当调整教育管理方法。具体做法应当包括以下三个方面。

首先，管理活动的开展、管理决策的制订，要建立在大量的相关信息基础上。高校学生管理系统的来源主要是两个方面：一个是来自外界的，即根据专业方向，对专业市场需求、历年就业形势分析等一系列数据资料进行系统整理；另一方面是来自内部的，主要是来自学生即被管理者中，对管理者来说就是对学生的具体情况的全面了解。管理者根据双方信息，制订管理目标，细化管理规章，通过管理活动把这一系列有价值的信息具体落实到管理步骤中；同时学生也从信息中获知自身的差距及优势，以正确理解管理者的意图，主动配合管理者的管理行动，形成合力，实现管理目标，提高管理效益。

其次，在管理手段上，要注意多采用激励的方法。激励手段的运用赋予了管理活动以主动性的特征，因为激励是激发人的内在动力，由此人的行为就不再是一种强制的结果。高校学生大都具有争强好胜的特点,他们希望在大学期间获得更多的荣誉,取得更多成功,得到更多的承认,他们自身具有强烈的表现欲望和成功的欲望。同时学生也有自己的优势,即社交范围较广,对社会的了解、认识、适应能力、公关能力一般强于普通大学生。这些优势在激励作用下会得到充分发挥,从而产生更大的效益。

最后,管理者自身也要致力于提高管理效率。在学生的日常管理工作中,要尽量避免陷入以下误区:(1)在时间上,没有自主权,陷于日常性工作,使管理活动受制于人。(2)管理者自身处在一个管理系统中,有时受到系统的牵制,自己的工作难以得到认可,积极性处在潜在状态。(3)同样由于以上原因,管理者的工作大多需要外界的配合,相反自己对外界的变化缺乏必要的影响力。这些问题都会影响管理的效率。

第二节　高校体育管理组织结构的优化设计

一、校本原则下高校体育教育管理模式的完善

(1)提高对高校体育管理方式的理解。在高校,为了改善高校的体育管理,必须在高校建立意识并改进体育管理。必须根据学校的实际情况制订具体的方法。例如,大学教师可以对学生进行深入调查,增强他们对学生的充分理解。

(2)建设良好的体育氛围。对于学生来说,校园内良好的体育氛围实际上不仅可以直接培养积极的个性,还可以激发他们的积极意识。

(3)改进教学和评估方法。在高校体育的管理模式中,有必要改进教学和评价方法,以促进学生和教师的发展。事实上,一些学生倾向于参加更刺激的运动,如篮球和足球。学生可以被分成不同的群体,设计自己的课程,然后进行综合评估。发展体育院校的联合管理模式,以改善和完善体育院校的管理结构。建议鼓励师生参与体育管理和监督,加强民主管理,建立健全体育委员会制度,强化体育委员会职能,积极吸纳学院体育组织。大学管理现代化的关键是解决内部管理结构中的不足。

二、优化设计的原则

（一）目标任务原则

我国高校体育管理组织结构要根据目标任务设置职位，并根据职位安排人员。组织结构的变化是根据高校的目标任务及国家政策制度的要求而变化的，所以组织结构中的机构、职务职位都应当围绕着组织目标或组织工作的需要来设置，这样才能保证目标任务明确、结构清晰有效。

（二）适应性原则

适应性原则指的是我国高校体育管理组织结构的设计，应该与当前的目标任务、内外界环境以及自身资源等相适应，以满足国家、社会及高校发展的需求。首先，高校体育管理组织结构的设计应该与我国高校体育的目标任务相适应，这是完成高校体育管理目标任务的基本保证。其次，组织结构的设计应该与高校的内外部环境及自身的资源相适应。高校的规模、所处城市的经济发展状况及高校自身所拥有的体育资源都是组织结构设计中应当考虑的重要因素，不同的高校情况需要不同的组织结构，以确保其目标任务的完成，如设有体育院系的高校与没有体育院系的高校的目标任务就不同，即使是没有体育院系的高校，也会因其学校规模、所在地区及是否有高水平运动队，而导致组织结构的不同。进一步说，即使是相同的组织结构，也会因其责权设置的不同而产生不同的效果。因此，普通高校体育管理组织结构的设计还应当与商校的内外部环境及自身资源相适应，才能有效地完成普通高校的体育职能。

（三）高效性原则

效率是衡量管理优劣的主要评价标准之一，它强调的是组织成员付出努力，以最小的出错率达到资源利用的经济性。加强高校体育工作，进一步发展高校体育，重要的是关注管理效率。只有进行高效的管理，才能提高高校体育工作的效益。无论采取哪种组织管理结构都要保证管理渠道的畅通。在适宜的组织环境中,保证组织目标任务能够实现的前提下,结构设计应当尽量简单,减少层次和职务类别,有效利用资源,以保证组织最大限度地发挥人、财、物等方面的综合利用。

(四)动态性原则

组织是一个开放的系统,任何成功的组织结构,随着组织的发展与环境的变迁,都会出现问题。高校体育组织所处的环境是不断变化着的,随着其所在高校的发展变化,组织结构也必然会随着这种变化而发生变化,是不存在一成不变的组织结构的。因此,高校的体育组织结构应该是动态的、开放的,这样才能适应不断发展变化的环境。此外,组织结构只有适宜的,没有所谓最好的、最标准的组织结构。

三、优化设计中的调控

在组织成长发展的过程中,随着环境的改变,管理者必须决定如何进行调控,以便组织能顺利创造价值。组织设计的调控:一是如何设计垂直与水平分化。二是平衡分化与整合。三是平衡集权与分权。四是平衡标准化与相互调整。成功的组织设计能够使组织通过控制自身的活动来达成其目标。

(一)垂直与水平分化

在组织设计中,如何进行组织分化以达成组织目标是主要的挑战之一。分化是一种过程,过程中组织根据目标任务分配人力与资源,并建立任务与职权之间的关系,促使组织能达成目标。简而言之,分化就是在组织中建立并控制分工或专业化程度的过程。当组织中的分工程度提高时,管理者将专精于某种角色,并雇佣他人来专司其他工作。专业化就是让人们得以发展个别的能力与知识,这是组织核心竞争力的来源。

（二）平衡分化与整合

组织的水平分化有助于组织成员的专业化，从而获得较高的生产力，然而组织却常出现专业分工限制了次级单位之间的沟通，导致无法互相学习。因为水平分化使得部门发展本位导向，即完全以自己单位的时间架构、目标和人际取向来考虑自己单位在组织中所扮演的角色。例如，教学与健康教研室重视的是教学和学生的体质测试；而教学与训练群体教研室则以教学和群体训练活动为主。当不同部门从不同的角度看待事情时，就常常无法顺利沟通，协调也就变得困难。

（三）平衡集权与分化

职权赋予组织成员要求他为自己的行为负责，以及决定资源如何使用的权力。凡重大决策权均保留给高层管理者，称之为高度集权。反之，将组织资源的使用与推动新的计划等重大决策权分配给组织的各阶层主管时，则称之为高度分权。

无论集权或分权都有其优缺点。集权的优点在于让高层主管协调组织各种活动，使他们都朝着共同的目标努力。集权的缺点在于当高层管理者的负担过重，并忙于每天的作业性决策（如教师安排与场地分配），没有时间为组织的未来思考长远的策略性的决策。分权的优点在于，由于低层主管对于当场、即时的问题有决策权，因而能提升组织的弹性与应变能力。管理者仍需为自己的行为负责，但是会让他们愿意去肩负更大的责任，以及做必要的冒险。此外，在分权设计下，管理者有权做出重要的决定，因此，比较能够发挥他们的技术与能力，且愿意为组织把事情做得更好。但分权的缺点在于当各阶层的主管有决策的自主权时，组织的规划与协调就会变得非常困难，组织将失去对决策过程的控制能力。

如何正确平衡集权与分权是组织设计的挑战之一。过度的分权将使管理者追求自己部门的目标，而无法达成组织整体目标。相反，过度的集权，即让高层主管来做所有的重大决策，则会造成本部门缺乏相应的自主权。理想的情况是平衡集权与分权，让掌握情况与行动的中低层主管能够做重要的决策，而高层管理者则专注于长期的策略性的决策。

第三节　新时期高校体育管理的主要模式

进入新时代以来，中国体育蓬勃发展，中国运动员在许多世界级体育赛事中取得了优异成绩，极大地提高了中国体育在世界上的地位。提高体育人才的质量和数量与高校的艰苦训练密不可分。

一、新时期高校体育管理模式与对应措施

（一）信息化体育管理模式与对应措施

进入新时期以来，全球信息技术飞速发展，并在政治、经济、教育、文化、体育等多个领域产生了巨大作用。在高校传统体育管理模式下，校领导与体育教育部门、体育管理部门以及下级的体育教师之间在信息沟通方面存在很大的障碍，大多是通过组织会议、下达文件的形式进行信息交流。同时，高校体育管理者也仅能通过这种形式进行具体的体育管理工作。毫无疑问，这种管理模式对管理者来说耗费的时间与精力是非常大的，很多时候由于天气、时间、地点与人员的特殊原因无法收到预想的管理效果。在信息化技术下，管理者能够很好解决这一问题。通过信息技术，管理者可以对各类体育信息资源进行开发与利用，从而实现有效管理，提高管理水平。

信息化体育管理主要体现在这几个方面：一是体育信息处理计算机化；二是体育信息传输网络化；三是体育信息资源管理数据化；四是体育信息贡献社会化；五是体育信息覆盖全球化。信息化体育管理模式，推动了体育管理信息化进程，深化了体育管理与信息技术结合的管理方式，为提高体育管理水平提供了支撑。

在具体管理中，管理者要做好两项工作：一是建立与完善学校信息

技术基础设施,如计算机教室、多媒体教室与校园网等,实现体育管理从线下到线上的转变。二是实现体育管理信息的共享,要根据高校体育管理的总目标,及时沟通、交流。高校体育管理部门可以将学校的体育教师情况、体育场地与器材闲置情况、体育教学资源(文字、图片或音视频),以及学校在体育教育上的投资情况等在校园网上进行公布。学生可以直接在校园网上查询到这些信息,并能够自由地对这些信息发表意见与建议。在了解了广大学生的意见与建议后,高校体育管理部门可以及时对现实行的管理工作目标、方式方法进行修正。

(二)体育俱乐部型管理模式与对应措施

体育俱乐部的出现,使高校体育管理工作有了从上到下的转变。这里的"上"即高校领导以及上层的体育管理部门。在传统的体育管理模式下,他们直接决定着体育管理的目标与具体的方式方法。"下"即广大学生,也包括体育教师。在传统的体育管理模式下,他们只是高校体育管理活动的参与者,他们对整个体育管理活动的影响甚少。然而,在体育俱乐部型体育管理模式下,体育教师在其中只是起着一个指导者、监督者的角色,俱乐部的大部分工作依然由学生负责。体育俱乐部充分显示了高等教育"以人为本"的教育理念,提高了学生参与体育管理的积极性与主动性。

就目前来看,我国很多高校在实施体育俱乐部型体育管理模式发展缓慢,究其原因,主要有三个方面:一是缺乏强大的资金支持。二是俱乐部硬件设施不足。很多高校体育俱乐部没有专门用于活动的场地,只能在学校体育场闲暇时间活动,一旦有学校正常开展的体育课,就不得不"让位"。场地的不足导致俱乐部活动难以开展。三是教练缺乏,即使有些体育教师担任俱乐部的教练,但这些体育教师往往是客串,尤其是对一些冷门体育项目的体育俱乐部,体育教师更是投入非常少的时间与精力。以上问题严重制约了高校体育俱乐部的发展。

二、当前我国高校体育管理模式的发展策略研究

进入信息化时代,教育信息化逐渐成为现代教育发展的主要趋势。所谓教育信息化就是将信息作为整个教育系统的重要构成要素,在教育

教学的各领域运用信息技术，完善教学管理结构，以推动现代与社会发展相适应的过程。在高校体育教学实践中，信息化的构建不仅体现在教学实践中对信息技术的运用，更体现在教学管理中对信息理念渗透。基于信息化背景，高校应积极推动信息化体育教学实践开展，为学生参与体育教学实践创造良好的环境与氛围。从高校体育事业的发展来看，信息化管理模式的构建具有重要意义：首先，信息化有利于促进高校体育教学创新，在信息化管理模式下，高校体育教师可以借助多媒体技术对学生的信息资料、体育成绩等进行整合，并结合数据分析结果为学生提供针对性的体育训练方案，这样则打破了传统体育教学中整齐划一的模式，推动了体育个性化教学培养，调动了学生参与体育训练的热情。其次，信息化有利于促进高校体育教学质量的提升，学校、教师可以利用强大的搜索引擎，从多种途径获取体育教育课程信息，为体育教学内容的更新，体育教学方法的改进提供条件，进而优化体育教学过程，提高体育教学实践效果。最后，信息化有利于推动高校体育的现代化发展进程。体育事业的发展是高校人才培养的重要组成部分，科学合理的体育教学方案对于学生身心健康的发展具有重要意义，而信息化管理模式的构建也能突破传统体育教学模式的局限，推动现代体育理念的渗透，促进高校体育现代化管理模式的发展。

在“互联网+”体育管理模式下，校方应广泛开发和收集高校体育线上课程资源，满足学生多样化、个性化的体育学习需求。第一，利用网络资源。高校可借助“中国大学MOOC”“腾讯课堂”“国家开放大学终身教育平台”等收集优质的高校体育课程资源，以网络课程的形式将其他院校的优质课程引入本校的体育教育中。第二，录制视频课程。高校体育教师可录制适合本校的体育视频课程资源，包括视频讲座、微课等形式，为学生们开展课前预习和课后巩固练习提供有效的指导。

为了引导学生参与体育运动、提高身体素质，应该向学生提供必要的体育基础设施。在“互联网+”高校体育管理中，学生、体育社团、校运动队等可通过网络平台查询和预定场馆、场地，在网上实现预约。互联网平台上存储了各类体育基础设施和设备信息，根据课程安排自动预排使用计划，支持空置场地预定功能。在校内大型体育活动中发布场地占用信息，平时对学生自由开放，这种基于互联网的数字化管理模式显著提升了体育基础设施的使用效率。

在体育教学中，教师可通过网络化平台发布电子课表、课前预习内容、课后巩固练习内容以及考试时间等,学生的考试成绩由教师通过管理后台录入数据库中,学生们登录自己的平台账号,查询考试结果。在"互联网+"体育管理中,教师可利用互联网技术创新教学模式,如开展体育混合式教学、翻转课堂等,将更多的课堂时间用于开展实践教学,同时锻炼学生的自主学习能力。

(一)利用互联网技术开展高校体育管理绩效评价

高校体育管理主要包括行政和教学两个层面,管理人员具有特定的组织架构,组织内明确划分管理职责。传统的高校体育管理模式下主要根据日常工作内容的完成度和完成质量评价各类管理人员,同时参考学生评价的结果。但这种绩效评价方式存在客观性不足、量化数据不足、评价指标单一等问题。在"互联网+"高校体育管理中,学生的学习方式从线下为主转变为线上线下并重,行政管理工作和教学工作也大量转移到线上,因此,绩效评价对各类线上管理数据的依赖性大幅提升。校方可利用互联网教学管理平台收集更加全面、立体的管理数据,为绩效评价提供可量化的数据。

(二)利用互联网平台落实高校体育管理流程

高校体育管理的各项事务大多由多个部门、多名人员共同完成,因而管理过程要遵循一定的流程,由各参与人员逐一审核签字,逐级推进。进入"互联网+"教育时代后,大部分管理内容转移到线上,管理人员从校内网上发起一个事件,然后逐一推送给其他相关人员,各级管理人员查看事件内容、处理相关事务、批注审核意见,最后完成电子签章。显然,这种基于互联网技术的高校体育管理流程有效地提高了工作效率、降低了管理成本。

(三)简化组织架构和行政审批

高校体育管理的工作效率与其组织架构和行政审批程序存在密切的联系,传统管理模式下信息化应用不足,基于纸媒的审批方式占据着主导地位,由于高校组织架构和行政审批程序较为复杂,增加了体育管理的时间成本。在"互联网+"体育管理模式下,高校应借助软件平台简化管理流程、减少审批步骤。与此同时,校方应优化高校体育管理的行政组织架构,压缩管理层级,同步改善组织架构和审批程序,在互联网管理模式下提倡采用扁平化的组织架构形式。

(四)"互联网+"高校体育管理工具

"互联网+"高校体育管理模式对体育教学和行政管理的信息化工具提出了较高的要求,在《行动计划》中要求各类院校建立"互联网+教育"平台,这一思路在构建"互联网+"高校体育管理模式中同样适用,网络化教学平台将成为最主要的教学和行政管理信息化工具。

(五)开发利用移动终端,提高体育管理的便捷性

校内网主要通过计算机访问,实际运用过程中不够便捷。开发包含高校体育管理功能的移动APP在当前的时代背景下具有重要的价值。目前不少高校都开发了适用于本校教学管理的移动APP,典型例子为清华大学开发的"雨课堂",该软件具备网页版和移动版,经过多次技术迭代,实现了丰富的教学场景。有条件的高校可自行开发适用本校体育管理的移动APP,如果缺乏相关的技术和资金,亦可直接使用第三方移动软件。

三、新时期高校体育管理模式构建与措施实施过程中注意的问题

在新时期,高校体育管理者在模式构建与措施实施过程应当注意以下问题。第一,建立高校体育管理机制。高校应当将体育管理列入高校教育的主管理系统,对体育相关工作进行科学化、系统化管理。在具体实践中,高校应结合自身实际情况,合理规划体育管理系统,保持各体育管理部门之间的协调配合。同时,引入社会媒体监督,确保高校体育管理工作健康、有序进行。第二,落实"立德树人"理念。体育本身就有非常强的德育功能。高校要强化体育对体育管理者职业道德、社会道德、个人修养等方面的培养与教育作用。高校体育管理工作是一项复杂的活动,它需要许多体育管理部门的协调配合。在部门协作过程中,所

有人员都要认认真真、踏踏实实地工作,在人际交往与工作协助时做到诚实守信,言行合一。高校领导要定期对体育管理部门相关人员与体育教师开展评价考核工作,并将其个人素养、职业道德等列入重要的考核内容,以此促进他们的更好发展。第三,不断开拓创新,研究新模式与新措施。任何一种体育管理模式与措施都离不开相对应的大环境,如政治环境、社会环境与教育环境。当这些环境发生变化时,体育管理模式与措施也要随之发生变化。随着我国高等教育改革的发展以及科学技术的不断进步,高校体育管理的内容必将继续丰富与发展,其管理模式与措施探讨必将持续,这就需要高校领导与体育管理部门人员不断增强自身的创新发展意识,确保体育管理模式与措施的科学性与时行性。

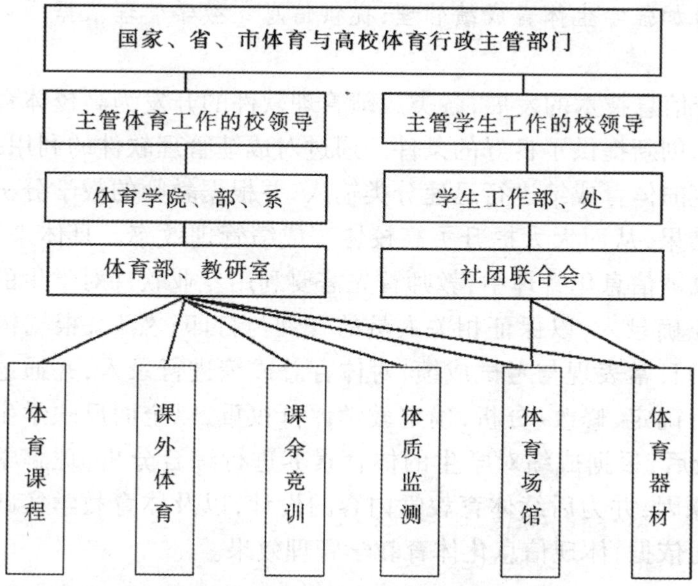

图 2-1　高校体育管理基本流程示意图

四、高校体育管理模式信息化创新路径

(一)加强体育信息资料管理,创新体育教学管理方式

在信息化体育教学管理中,实现对高校体育各类文献、资料的收集、整合与分析是保证体育教学实践有序开展的重要环节。首先,在高校体

育信息管理中，学校、教师首先要根据现代体育教学要求对各类信息进行采集、存储和传递，并将信息录入体育教学系统，建立体育教学数据库，以便于信息的保存、查找与利用。其次，相关的资料管理人员也应提高信息素养，强化责任意识，根据体育教学要求对体育资料进行分类、整合，并严格遵循学校构建的信息化管理规范与流程，确保高校的体育信息管理能够步入规范化、高效化的轨道，为体育教学实践提供信息服务。最后，高校应加强对信息系统的投入，从硬件到软件为体育信息化管理创造良好的环境，提高信息处理能力，推动体育信息管理从纸质化向电子化转变，并为高校体育事业的信息化发展奠定良好的基础。

（二）加强学生体育成绩管理，提供信息化教学管理依据

随着信息技术的发展，各类成绩管理软件的开发为高校体育教学管理模式的创新提供了良好的条件。通过对成绩管理软件的利用，教师能够将学生的体育成绩进行迅速分类输入，并根据教师的教学分析要求做出统计结果，从而大大提升了高校体育成绩管理效率。具体来讲，在高校体育成绩信息化管理中，教师首先需要利用专业软件对学生的个人信息进行正确录入，以保证相关人员的查询与打印；然后，根据体育教学中学生的日常表现与考试成绩，对体育总成绩进行录入，并通过核对与检查进行确定、修改、分析，确定教学评价权重，以全面反映学生的体育成绩；最后，根据成绩对学生的体育素养进行综合分析，理解学生成绩差异的原因，并为后续体育教学内容的设计，以及体育教学实践的开展提供有力依据，体现信息化体育教学管理效果。

（三）加强体育教学课程管理，提高体育教学实践效果

在“互联网＋”的发展计划下，将高校体育与互联网相结合，利用信息技术推动体育管理模式的创新已经成为提高高校体育教学实践质量的必然选择。在信息化教学管理中，高校体育课程体系的构建是关键环节，通过学科与技术的融合，一方面能够为体育课程的学习、理解和认识创造良好的条件，并依托多媒体技术、数据库技术学生提供丰富的课程资源；另一方面还能够实现对体育课程的构建，为教师的信息管理、班级体育教学目标的设定，以及课程选择等提供新模式。在高校体育课

程体系的信息化构建中，学校、教师应从学生的主体出发，通过对学生综合信息的发现、捕捉、加工和利用，提供新的体育课程内容，推动教学方法的创新，让学生在丰富的体育课程中不仅能够掌握体育知识、提升体育技能，更能够理解体育精神，提升体育文化。

第四节 高校体育管理的基本过程

一、制订开课计划

（1）为了将课程转化为具体的实施计划过程，有必要制订一个学期计划。在确定开设课程的时间表时，可以根据教师、场所和设备等因素调整某些项目、课程的顺序。应注意确保义务和选修课程的适当分配，并为体育领域的义务和选修课程做出适当安排。时间表的主要内容包括课程数量以及每门课程的具体时间。

（2）分配教育任务。根据每个项目的开放计划，将承担教学任务的教学和研究部门进行分类，教学报告将被填补，然后分发给相关部门。

（3）教育和研究部执行教学任务。在收集并记录每个教学和研究部门颁发的教学任务证书后，必须根据教师和力量的实际情况对整个工作进行安排。将教学任务分配给每位教师，以负责教学的人员的姓名填写教学任务证书，并就此向学校教育部门提交报告。

二、编排课程表

编排课程表应符合以下基本原则。

（1）有助于提高学生的学习效率。如果学生学习热情高，应该尝试组织更重要的实践和理论课程，下午和晚上可以组织选修课程和健康课程。

（2）充分利用体育设施。在设计课程时，应该考虑如何提高体育设施和设施的利用率，并确保课程有序连接。

（3）促进教育和科学研究。避免教师的过度工作和疲劳，以至于影响工作效率和健康。

三、日常教学管理

日常教学管理是一种课程管理。一方面，通过管理日常教学，课程将转化为实际的教学活动。另一方面，必须在日常教学、组织和管理工作中实施。因此，严格组织和管理日常教学是创建和协调教学任务的有力保障。

（一）开学前后的主要工作

（1）开学前后，应根据党的教育政策和学校的相关要求，组织和动员各方面的工作人员，回顾和总结上学期的教学工作，坚持理论与实践相结合的原则。在实践中，密切关注国内外体育改革的趋势，并为新学期制定课程。

并且专注于课程准备、教科书准备以及教育设施的维护和分发。教学准备必须根据相关课程的具体要求进行。应审查教育和研究部门的教育准备组织，特别是在年轻教师的指导和试点培训方面。教育材料部负责印刷教育材料，安排和分发教育材料。维护和分配教育设施的主要目的是确保教室、体育设施和实验室设备的教学条件良好。

（二）期中教学的主要工作

期中教学工作的重点是评估教育质量。长期以来，这是中国高校的有效制度，中期教育通常被称为检查。因为教育质量水平包括各级体育和所有员工，每个员工的工作质量直接或间接影响教育质量。因此，有必要坚持全面的教学质量管理，监控同行评估和学生评估的实施。围绕课程中心对体育进行全面检查。监测中期教育不仅应找到解决问题的方法，还应收集和传播良好的经验和模式，以提高教育质量。

（三）期末教学的主要工作

（1）组织和安排期末考试。期末考试是教学过程中的重要阶段。

这一阶段包括考试的准备和实施,一方面,学生应该回顾特殊的技术和体育理论,另一方面,教师应该帮助学生审查技术措施,制订课程理论测试题。在现阶段,体育部门主要为各种组织和后勤部门执行验证和测试任务。

(2)组织教师对教育质量进行分析,总结工作。统一学习和教学质量分析的观点摘要,而不是材料列表或堆叠的概念。通过分析和总结学习和教学质量,应该吸取经验,提高教育质量。学期末的教学还包括成绩记录、教学文件和材料的存储,以及为教师发布下学期的任务。

四、教学档案管理

教学档案管理是体育管理的一个重要方面。做好这项工作可以让体育管理人员更容易地了解体育的整体情况、教师教育的质量以及学生的不同课程数据。这些案例是汇集经验、进行教学科学研究和研究教学管理规则的基本材料。

因此,做好教学档案管理工作,对于积累经验,提高教育质量和管理水平,研究高校体育管理规律具有十分重要的意义。

第五节　增强高校体育管理实效性的策略

一、注重体育教育管理,树立先进管理理念

要想实现高校体育管理的实效性,就必须不断提高高校领导团体的觉悟以及思想意识。高校体育教育管理工作的开展程度与效果,不仅仅是经济、政治、文化、生活等方面的因素,最为重要的一个环节就是高校领导的重视程度。结合当前我国高校体育教育管理的总体情况,各方面的管理体制还有待完善,需要进行高度的重视以及正确的引导。这就要求高校的相关领导要制订合理的专项管理分工以及政策,在进行体育器材的购买、计划的制订、经费的调度等方面问题时,要全面地进行研究商讨,将准备工作以及相关措施落实到位,有效地推动高校体育教学工

作的顺利进行。同时，高校领导还要提高管理制度的重视程度，严格按照相关标准开展工作，避免管理工作中的繁杂琐事以及管理混乱等现象影响教学进度。

树立先进的高校体育教育管理理念，充分保障优质管理这一重要因素，实行柔性管理与刚性管理并存的体制。针对当前阶段的高校体育管理理念来讲，要想达到实效性的管理，就必须要在此基础之上有效地避免行政化、平均化的色彩，有效地实现高效化的高校体育教育管理，逐渐进行柔性化色彩的转变以提高教学效率。同时，还要不断地强化体育教学人员的思想认识，让他们充分了解体育教育管理的重要性，在进行体育教育教学工作计划的制订过程中，应能够充分考虑和反映新时期、新形势下新型体育教育的目标。同时，还要充分协调师生之间的基本要求，实现高效的体育教学、体育教学档案、设备等方面的管理。由此看来，树立科学合理的高校体育教育管理理念，对提升管理效能以及水平具有重要的作用。

二、提升体育教育教学管理人员的整体从业素质

在实现增强高校体育管理实效性的整体策略中，提升体育教学人员的整体素质是一个非常重要的环节。要想有效地提高体育管理人员的素质，首先就要提升其思想素质，让从事体育教学管理的人员和教师能够充分认识到，在整个素质教育体系中体育教学的重要地位，并且能够不断地提升自身的服务意识，更加积极主动地进行工作，有效地提升体育教学管理的效能；其次，还要不断地加强教师的自身修养以及素质的建设。高校要充分优化教师团队，全面掌控体育教师的教学状况以及管理制度，有效地将机械式的管理向多层次方面转化；最后，高校还应该注重体育教学理念以及管理理念的更新与优化，根据学生的基本状况进行合理的教学任务设定，避免过于死板的形式主义以及制度主义，充分发挥教师在教学任务计划中的主动性，开放式地设计教学内容与计划课时，根据不同的要求与标准进行学生学习进度的合理评价。

三、从实际出发，为学生提供优质服务

说到从实际出发，我们就不得不考虑一下学生的实际情况。在社会的发展过程中，学生只是一个小小的个体，并且在身心与身体等方面还没有发育成熟，具备着很强的可塑性。这就要求体育教师在实际的体育教学中能够充分尊重学生的个体差异，做到量体裁衣、因材施教，制订出适合不同身体条件下的学生锻炼标准与目标的教学方法。能够敢于打破传统的教学方式，不断地进行探究和改造，适时进行总结，采取开放式的多样化教学手段让学生感受到体育学习的重要性。

从为学生提供优质教育服务这一高校体育教学的主要任务来进行探索，要求高校必须明确为学生服务的基本职能。在新课程标准中，还明确提出了高校职能的三个方面内容：社会服务职能、培养职能、教育职能。在高校职能中，教育职能是最为核心的内容，要求高校在教育的过程中能够让学生树立正确的世界观、人生观、价值观。只有通过高校的培养职能，才能够为国家以及社会提供更高层次的人才，同时这也是高校职能特殊性的具体体现。来自社会方面的服务教育职能以及培养职能显得尤为重要，并且其最终的目标也就是高校教育不断发展的必经之路。由此看来，高校在实施素质教育的过程中要充分以学生为主体，在建设中为学生提供全面的服务，为其健康发展奠定基础。因此，无论是在制订教学计划还是具体的实施过程中，都要充分发挥学生的主体作用，有效地处理好相关职能之间的关系与作用，创设良好的人才培养环境，以科学合理的制度为学生的身心发展保驾护航。只有学生最终真正成为建设祖国的栋梁之材，才能说实现了高校职能的最终目标。而体育教学正好能够发挥其优势，激发学生学习的积极性，发展学生个性，培养学生各方面的素质，为学生的身心发展奠定基础。

第三章

高校体育教学管理研究

基于对大学体育教育组织形式的系统分析，其本质是加强教师和学生的教育和学习活动。通过研究，可以提高教学效率的可见性，为学生的健康成长提供支持。

第一节 高校体育教学课程建设与管理

一、高校体育课程建设

高校体育课程在教育体制改革的浪潮中只有不断发展、创新自我，才能紧跟时代发展的步伐，才能使高校体育课程做到可持续发展，才能为“全面实施素质教育”这一大的教育方针奠定基础。

（一）国内外研究现状评述

21世纪初期，在国外一些国家中都制订了相应的体育发展战略。其教学理念和教学方法改革效果显著，体育课堂形式多种多样，对学生素质和意识的培养全面而深刻，特别是对学生思维的拓展和创造能力的开发，以及对学生个性发展的促进作用是我国体育教学所追求和学习的典范。国外体育的教育目的、教育手段和体育评价和我国国内存在着很大的差别。1995年国家教委下发《关于开展大学生素质教育试点工作的通知》起，国内许多专家、学者也开始关注高校体育课程建设的研究，并在理论研究和具体实施中取得了一定的成就，为高校体育课程建设的深层发展做出了宝贵的探索。但大多数高校体育课程建设的探索主要倾向于新项目的引进、体育课堂教学组织形式的变化等，研究没有整体性，而且相关研究也不符合我国当前的国情。

（二）高校体育课程建设研究的意义及研究价值

传统的课堂教学模式和时代对学生素质的要求及学生自身发展的需求之间的矛盾日益成为高校体育教学的一个很重要的矛盾。怎样改革体育课程，提高学生适应能力和创新能力，促进学生自身深层发展，成为当今体育教育工作者的一大难题。应时代和教育可持续发展的需要，体育率先完成素质教育成了教育改革的突破口。高校体育课程改革的关键在于如何能吸引学生，在课堂中教育学生，从而促进学生身心健康、个性发展、社会适应能力和创造能力的提高。兴趣的培养和教育的评价体系是这一过程中的一个重要环节。科学地制订学习目标，通过新颖的课堂组织形式和丰富的教学内容以及课堂激励让学生对体育课产生浓厚的兴趣，促进学生各项能力的提高，从而促进教学任务的顺利完成，学生终身体育观的树立以及完成国家和社会对体育教学的期望。

对体育领导部门和一定数量的高校课程建设进行调查，借鉴国外某些高校体育课程建设的经验，结合我国高校体育教育的实际情况，总结出目前我国高校体育课程建设和社会发展的脱离程度并从中找出课程建设方面存在的不足，为日后课题的开展奠定基础和方向。

以“全民健身”“以人为本”“可持续发展”“建设和谐社会”“创新型社会”等诸多国家主体发展战略和理论为该课题研究的理论基础，为今后课题的开展指明研究方向。再结合当今先进的教学方针、政策和教学理念对我国当前和今后的高校体育课程建设进行理论研究，并有先见性、有针对性地提出理论建设体系及其具体实施方案。

二、高校体育教学课程管理

体育教学课程管理是指在体育教学过程中，对课程内容、目标、方法、评估等方面进行计划、组织、协调、控制和改进的管理活动。它包括课程开发、教学计划、教学组织、教学评估和教学改进等方面的工作。

体育教学课程管理的目的是提高体育教学的质量和效率，使学生能够全面、系统地学习体育知识和技能，促进学生身心健康发展。在体育教学课程管理中，需要考虑学生的特点、课程的目标、教材的选择、教学方法的设计、评估方式的确定等因素，以及对教学过程中的问题进行及时调整和改进。

以下是一些可能的高校体育教学课程建设方式。

（1）确定教学目标和教学内容：在制订体育教学课程时，应该首先确定教学目标和教学内容。教学目标应该明确、具体、可衡量，并与学生的需求和实际情况相适应。教学内容应该涵盖基本技能、基本理论和实践操作等方面，以提高学生的综合素质和能力。

（2）采用多种教学方法：高校体育教学应该采用多种教学方法，包括理论讲解、实验操作、实践训练等。教师应该根据学生的实际情况和学科特点选择合适的教学方法，以提高教学效果和学生的学习积极性。

（3）强化教学评估：教学评估是高校体育教学课程建设的重要环节。教师应该制订科学的评估标准和方法，及时反馈学生的学习情况，以便调整教学策略和提高教学效果。

（4）注重教学资源建设：高校体育教学还需要注重教学资源建设，包括场地设施、器材设备、教学资料等。学校应该为教学提供必要的资源支持，以保障教学质量和效果。

（5）培养学生综合素质：高校体育教学应该注重培养学生的综合素质，包括身体素质、心理素质、社交素质等方面。教学应该注重培养学生的健康意识和生活习惯，提高学生的综合素质和竞争力。

高校体育教学课程建设应该根据学生的需求和实际情况，结合教学方法、评估机制和资源支持等因素，注重培养学生的综合素质，以提高教学效果和学生的学习积极性。

规划和设计体育课程的一般步骤。

（1）定义教学目标：明确课程的目标和要求，考虑学生的年龄、能力和兴趣等因素。

（2）确定教学内容：根据教学目标和要求确定课程的内容和学习重点，选择适当的教材和资源。

（3）设计教学方法：结合教学目标和内容选择合适的教学方法，包括讲授、示范、练习、游戏等，以及教学媒体和教学工具的使用。

（4）制订教学计划：根据课程的时间和要求，制订教学计划和教学进度表，明确教学过程中的时间分配、教学方法、教学内容等。

（5）确定评价方式：根据教学目标和要求设计适当的评价方式，包括测验、考试、观察、记录等。

（6）完善课程开发：根据实际教学效果和学生反馈情况，不断完善和改进课程，提高教学效果和质量。

在体育课程开发过程中，需要重视学生的参与和反馈，充分考虑学生的个性和差异，提高教学效果和质量。同时，还需要注意课程的连贯性和系统性，使学生能够全面、系统地学习体育知识和技能。

三、高校体育教学的组织形式

体育课程教学组织管理是指在体育课程教学过程中，根据教学计划和课程要求，对教学过程进行组织、协调、监督和管理的一系列管理活动。它包括教学过程中的教学方法、教学环境、教学资源、教学时间等的安排和管理。

体育课程教学组织管理的目的是保证教学的质量和效果，让学生在良好的教学环境中全面、系统地学习体育知识和技能，促进学生身心健康发展。在体育课程教学组织管理中，需要考虑学生的特点、课程的目标和要求、教学资源和条件等因素，合理安排教学时间和教学内容，采用合适的教学方法和手段，积极探索和创新教学模式。

同时，体育课程教学组织管理还包括对学生的行为管理和安全管理，保证教学过程的秩序和安全，促进学生自主学习和全面发展。教师在教学过程中需要及时反馈学生的学习情况，对学生进行指导和帮助，以提高教学效果和质量。

（一）体育理论课教学

教授体育理论在指导体育锻炼方面具有重要作用，这是一门学习体育和健身知识基础知识的课程。体育理论课程仅占整个周期的一小部分，因此经常被忽视。事实上，它可以帮助学生了解自己的身体状况，了解身体运动的基本原则。能够指导如何进行科学的体育锻炼，并了解适合学生参加体育运动的条件和年龄。能够从不同角度向学生介绍体育运动，让学生欣赏体育运动，热爱体育运动，享受生活，体验幸福，是体育文化不可或缺的一部分。

普通人不可能拥有高水平的体育技术，但这并不意味着低水平的体育技术不能成为“体育文化”。拥有体育文化的人不是通过体育技能水平来衡量的，而是通过他们对体育的理解和态度来衡量的。

1. 体育理论课的教学内容

体育理论课程的内容主要包括：运动与健康知识、体育比赛规则和体育欣赏。有关运动与健康的知识侧重于运动健康、运动解剖等知识，这些知识使学生科学地理解体育锻炼的重要性。基于身体运动的原则和方法，让学生知道如何进行体育锻炼，如何选择科学的身体运动方法，以及如何在不同年龄段保持最佳身体状态。体育比赛规则让学生了解组织小型体育比赛的基本方式，让学生了解我们如何看待比赛并欣赏各种比赛。

通过分析参赛者的现场表现、成功与失败，学生可以通过评估体育运动、增加对体育的兴趣和提高体育文化水平来理解和欣赏体育运动。

2. 体育理论课的教学形式

体育理论中有多种教学形式，但主要包括传统教学（黑板和粉笔）、视听教学（通过电视或投影仪播放视频、CD 或电子预课程）和体育设施的现场教学（使用项目体育场的规则和规定），促进理论与实践，加深学生对规则的理解。

3. 体育理论课考试

学生掌握体育理论的基础知识是非常必要的。建议每年参加一次考试。体育理论考试的内容应主要以教材中的教学理论为基础。测试方法有开卷和闭卷两种形式。

（二）体育实践课教学

体育锻炼是体育教育的主要特征和组成部分，主要任务是提高运动技能水平和身体素质。学生可以学习和掌握体育运动的基本技能，以达到享受身心健康、改善身体健康的目的。

随着公共机构教育改革的深化，有一种优先选择课程的趋势，以便学生能够有效地进行身心训练。选修课与普通课程完全不同。根据现有的框架条件，学校必须向对体育感兴趣的学生开放选择。在学年期间，学生必须在项目的第一年和第二年选择任何其他项目。这种方法的优点是很容易选择课程，但缺点是只能选择两个项目。

体育锻炼内容考试通常基于最简单的体育技能和健身。通过考试，教师和学生可以加强考试、教学和实践的内容，以实现提高体育技术水平的目标。

第二节 高校体育教学活动的组织管理

对高校体育课程教学组织形式进行系统分析，其具体表现为教师和学生之间的互动关系，并且其核心在于促进教师教育活动和学生学习活动两个方面效果的全面凸显。由此进行研究，高校课程教学组织形式对高校体育教育质量的发挥和学生体育综合素质的培养产生着至关重要的影响，只有加强对体育课程教学组织形式的重视，并且积极探索相应的教学改革措施，才能够进一步凸显教学成效，为高校学生的健康成长提供良好的支持。

高校体育课程教学组织形式在长时间的发展过程中形成了一定的特色，如形式多维性特征明显，能够结合教育人员和学习人员的实际情况对教学组织形式进行优化调整，分班多样性特征逐渐显现出来，为学生创设可多种选择的空间，学生在参与体育课程的过程中能够结合学生成长发育的实际需求对教学活动进行优化调整，为学习能力较强的学生提供一定的帮助和指导。教学组织形式表现出明显的针对性，即能够兼顾不同能力学生的学习需求，为学生参与体育锻炼创造良好的环境，促进高校体育教育作用的全面凸显。

一、高校体育教学中“合作学习”的组织

在大学体育实践中，基于协同学习的应用，教师应更加重视协同学习活动的设计，并在相关人员的帮助下最大限度地提高协同学习的有效性：鼓励学生深入学习体育相关知识和技能，提高学生体育运动的整体素质。在组织和设计教育活动时，教师应尊重学生之间的个体差异，根据学生的体质和学习规则调整课程内容，并根据差异将学生分为几个学习小组。

同时，在选择教学内容和方法时，应根据学生的教学内容和需求构

建教学方法，提高教学效率。例如，练习“手传球和脚传球”，教师可以选择技能较强的学生组织和设计由科学小组领导的“协作学习”活动，并组织培训和讨论。根据教师的要求带领团队领导者，相互学习，分享经验，共同改进实践。通过这种方式，教师可以科学地组织和塑造教育活动，这对组织体育“协作学习”、提高学生在体育教育中的整体素质和培养学生起到了重要作用。

二、高校体育教学中应用“合作学习”的教学策略

合作学习在高等教育体育教育中的应用不仅应注重合作学习活动的组织和设计，还应改进教学策略，提高合作学习效果的应用，提高高等教育质量，提高学生体育教育的整体质量。

（一）增强教师对“合作学习”的组织参与意识

在体育学院有效应用“协作学习”的教学理念，不允许学生在学习活动中充分交流，而是在教师的监督下改善与学生的合作，实现互利共赢。因此，在应用“协作学习”教授概念和方法时，教师的参与和领导对教育的有效性和质量起着重要作用。在此基础上，应鼓励教师在改革教育活动时积极参与协作学习活动，并就学生在协作学习中的表现提出具体建议，以提高学生之间合作的有效性。只有当教师真正参与协作学习过程时，教师才能通过教师与学生之间的互动来提高体育教学的有效性，并逐渐增强学生的运动能力。

（二）将“合作学习”与多元化教学方法进行结合

为了提高教育质量，教师还应尝试将协作学习与其他教学方法有机结合起来，以形成学生全面发展的优势。创造良好的条件，提高学生的整体体育素质。例如，当教师解释“篮球三步上篮”的运动时，他们可以有机地将协作学习与多层媒体相结合。在多媒体设备的帮助下，学生可以通过扩展减速功能来了解需要注意的要点和问题。然后组织参与者小组参加培训，团队成员注意到参与培训的人员，指出不足之处并指导参与者纠正。

通过这种方式,学生可以在相互支持的框架内获得最佳的培训结果。事实证明,将“协作学习”等教学方法融入体育锻炼可以更清楚地展示体育运动的好处,增强“协作学习”的作用,并为学生学习运动技能和知识运动创造良好条件。总之,将协作学习融入体育教学有助于创造和谐的学习环境,增强体育知识和技能,增强团结、协作和意识。它为学生未来的全面发展提供了良好的支持。

至于高校的体育教育,体育组织的一种形式是指组织教师和学生进行体育活动的有效性,以及教师教授时间和内容安排的有效性。通过优化适当的教育组织形式,我们可以提高体育活动的科学水平,提高教育效率,并为当代企业的可持续和稳定发展提供适当的保护。只有通过加强体育在大学形式中的重要性,才能确保教学的有效性,加强对学生的体育教学,提高学生在体育方面的整体质量。

三、高校全面改进体育教学组织形式的建议

多维形式可以让教师和学习者更好地适应实际情况,课程的多样性也在逐渐发展,为学生创造了选择。在参加体育运动期间,学生可以根据学生成长和发展的实际需要改进和定制教育活动,为学习技能强的学生提供帮助和指导。一种明确表明目标的教育组织形式,可以考虑不同技能学生的学习需求,为学生参与体育锻炼创造良好的环境,并加强体育教育在大学中的作用。

针对我国高校中体育教学组织形式的特点,新时期背景下要想全面提高体育教学质量,保证高校大学生的身体素质得到进一步强化,就应该结合体育教育的实际需求,对体育教学组织和规划方式进行优化调整,在提高教学质量的同时,也为高校高素质人才培养工作的优化开展提供有效的支撑。

(一)加强对体育文化修养的教育的重视

在对高校体育课程组织形式进行改革创新的过程中,应该重视学生体育文化修养的培养,并以此为切入点尝试引入体育理论教育,如运动生理教育、运动心理学教育以及体育技能和战术方面的教育等,让学生对体育教育教学工作和体育锻炼活动形成更为明确的认识,促进学生体

育文化素养的良好培养，为学生深入学习相关体育知识提供相应的支持和保障。

（二）对学生选择体育锻炼项目的自主权进行有效拓展

为了促进体育教育作用的全面发挥，保证学生的体育学习兴趣和体育学习效果，高校体育教师在对体育教学组织形式进行重新规划和创新的过程中，应该设置多种类型的选修课程，如体育舞蹈课程、篮球、足球和乒乓球课程以及太极武术课程等，促使学生能够结合自身实际情况合理选择体育教学组织规划方式，使学生在不断的学习和锻炼中养成良好的体育学习意识，为学生未来全面发展奠定坚实的基础。

（三）对体育教学组织的灵活度进行拓展

在体育教学中灵活性、个别性和多样性较强的教育活动能够促使学生积极主动地参与到学习实践中，增强学生的学习效果。所以在体育教学组织形式的设定和改革方面，教师应该注意结合高校体育教学的实际情况和未来发展需求进行教学组织和规划，为学生创设自由度相对较高的学习环境，促进学生对相关体育知识的深入学习。这样在教学实践中就能够充分发挥出学生独立思考的能力，促使学生自觉主动地参与到体育锻炼活动中，切实保证学生的体育运动效果，将学生培养成为全面发展的高素质人才。

（四）对体育教学考核制度进行有效完善

在高校体育教育实践中，教学考核制度的设计和调整对学生深入学习体育知识产生着重要的影响。所以在改革教学组织形式的同时，应该将教学考核制度的建设作为重点内容，针对学生的实际情况引入多元化的教学考核方式，对学生实施全面系统的考察，促进学生的深入学习，对学生的体育学习情况作出客观的评价。这样学生经过系统的学习，就能够取得良好的学习效果，高校体育教学组织形式的作用也能够得到全面发挥。

根据中国高校体育组织的特点，要提高新时代体育运动的质量，确保学生的物质素质得到进一步提高,需要结合体育运动的实际需求,改进体育组织和规划方法,提高教育质量,加强对高校高素质工作人员的培训,确保有效支持。

作为高校课程改革的一部分,我们应该加强体育文化培养的重要性。更加重视学生体育文化的培养,努力引入体育、运动心理学、运动技能和战术等体育理论,让学生更好地了解体育和体育活动,鼓励学生培养良好的体育文化,提供足够的支持和保障让学生更多地了解体育相关知识。

为了扩大学生在有效选择体育锻炼方面的独立性,加强体育在发挥其作用方面的作用,并确保学生对体育教育和学习成果的兴趣,体育教师学院采取组织重组和创新的形式,开设不同类型的选修课,如舞蹈、篮球、足球、排球、太极和武术。鼓励学生在组织规划中根据自己的实际情况明智地选择体育项目,以便他们能够不断学习和实践,培养良好的体育意识,促进他们的全面发展。

灵活、个性化和多样化的教育活动可以鼓励学生积极参与学习实践,提高学习成果。因此,在确定和改革体育组织形式时,教师应根据体育学院的实际情况和未来发展要求,更加重视教育组织和规划。为了为学生创造相对较高的学习自由度,深入研究体育相关知识。通过这种方式,学生可以发展独立思考教学实践的能力,鼓励学生有意识地积极参与体育活动,有效确保学生在体育运动中的健康发展。

提高体育教学评估系统在高校教学实践中的有效性,设计和调整教学评估系统对学生深入学习知识有重大影响。因此,有必要建立教学评估体系,根据学生的实际情况引入不同的教学方法,并对学生进行全面和系统的检查。促进深入研究,对教学进行客观评估。通过这种方式,学生可以通过系统学习获得良好的成绩。

简而言之,公共高等教育机构的教育改革和创新是提高教育质量的重要途径。因此,有必要认识到调整和改进教学组织形式的重要性,并积极采取适当措施,为体育改革提供良好支持。有效加强体育在高校中的作用,有效支持高质量人才培训。

第三节　高校体育教学过程要素的全方位管理

一、构建全方位的高校体育教学教育体系的实际意义

对于新时代的学生而言，他们需要的是在学到知识的同时还要拥有强健的体魄，体育是发展健康的前提，拥有健康人生才会精彩纷呈，现在全世界都处在一个亚健康时代，体育锻炼能够改善身体自身素质，预防疾病，减少感染病毒的概率。对于体育教学教育体系的改革，将体育文化渗透于教学的各个阶段，全方位地创新教学体系，立足于培养高质量的人才，以适应高速发展的社会现状。构建全方位的高校体育教学教育体系将会是体育教学历史上的一个标志性做法，完善体育教学理论，让学生树立终身体育锻炼的健康生活意识。无论从什么方面来讲，此举都具有多方面的实际意义。总之，“体育是育人、体育是精神、体育与发展相互促进”这一先进的体育文化就是全方位构建体育教学体系的很好体现。社会的发展起始于教育的进步，健康的身体源于积极的运动，让教育紧跟时代的步伐，让体育教学渐渐完善。现实证明，我国对于教育的重视正逐年增强，对于改善体育教学也从未止步。因此，安排丰富的体育课程内容、提高教师的教学方法，都是构建全方位体育教学的重要组成部分。高校的体育教学改革是历史发展的必然，是教育体制改革者需要着重思考的内容，构建全方位的高校体育教育体系，将促进体育教学的发展，使体育教学过程更切实有效地得到落实。

二、如何构建全方位的高校体育教育体系

（一）让体育成为学生的生活方式

自北京申奥成功以来，全国人民都不同程度地参与了体育运动，这

种运动精神也影响了一大部分人，成为一种新型的生活方式。高等学校体育教学也应该注意到这一现实状况，全方位地提升体育教学的效率，争取让体育成为学生的一种生活方式，改变人们对体育的固有思想，不再有“事不关己”的态度。用这种生活方式影响学生对未来工作和生活的态度，在体育教学的过程中引申开展对现实社会问题的解决，培养一种良好的“体育精神”，并建立一种以体育为核心的健康生活方式。

（二）成立优秀的体育团体组织

高校存在高中、初中、小学都没有的一种团体组织“大学生社团”，这种团体由学生自行组织、自行管理，是学生的兴趣爱好得到施展的良好平台，因其有各个方面、领域的形式，所以深受大学生的喜爱。将这一团体引入体育教学中来，成立优秀良好的体育团体组织，把全方位的体育教学体系贯穿于社团中，以“学长”带“学弟”的方式，给学生一种“玩”的轻松、愉快的心态，实践证明，同龄人之间的学习往往比教师的“填鸭式”教育更有意义、更有效率。

（三）完善体育教学中的竞赛体系

摒弃“跑第一”的传统竞赛思想，将新型的体育活动、体育锻炼引入课堂，让学生有参与感，更加主动地融入体育课堂教学。在活动中培养学生的“竞赛”意识和理性的思维方式，让其形成正确的竞赛理念和乐观的处世态度。完善体育教学中的竞赛体系也成为构建全方位的高校体育教育的一项重要举措，其本身具有很多的积极意义。

三、高校体育教学过程要素的具体内容

（一）教学目标

体育教学目标是指教师针对教学而设定的目标。教学目标是开展课程教学预期达到的教育效果，相较于其他目标，教学目标是教学预期作用于学习者，是大学生在体育教学活动影响下发生的学习变化，也即

教师借助各种教学手段开展教学计划，让大学生学会体育知识和技能，教学目标的设定对课程创新、教学改革均具有显著的导向作用，也对教学效果发挥直接影响，甚至起决定性作用。

1. 体育教学的根本目标

“新课标”将体育课程目标定为：增强学生体能，使学生掌握和运用基本的体育与健康知识及运动技能；培养体育运动的兴趣和爱好，养成坚持锻炼的习惯；具有良好心理品质，有较强的人际交往能力与合作精神；增强个人健康和群体健康的责任感，养成健康的生活方式；发扬体育精神，形成积极进取、乐观向上的生活态度。

2. 体育教学目标构建原则

体育教学目标的构建必须遵循教育原则，只有在教育原则体系的范围内才会保证目标的有效性和科学性。

3. 体育教学目标基本框架

体育教学目标的整体框架可以分成两个部分：目的；任务。体验运动的快乐，培养体育意识；掌握卫生保健与科学锻炼的方法，提高自我保健和锻炼的能力；树立集体意识和集体荣誉感，培养团结合作与沟通、遵守规范、自控自律的能力。培养终身体育意识、兴趣、能力和习惯。

（二）教学内容

体育教学内容是指教学过程中同师生发生交互作用，教师给学生传授的知识和技能，灌输的思想和观点，培养的习惯和行为的总和。民办高校体育课的教学内容不能完全按照教学大纲和教学计划进行安排，由于受体育场地和器材的影响，体育课内容的安排大部分都没有固定的要求，综合性和娱乐性的比较灵活的活动内容安排得比较多，使用器械或对场地要求比较高的体育教学内容安排相对较少。

教学方法是在教学过程中，教师和学生为了实现教学目的、完成教学任务而采取的教与学相互作用的活动方式的总称。教学方法是教学过程整体结构中的一个重要组成部分，是教学的基本要素之一。要做好任何一件工作，都必须讲究方法，教学也一样。教学方法选择、运用得当,可取得事半功倍的效果,反之则会事倍功半,甚至会事与愿违。教学方法的选择是实现教学目的、完成教学任务的关键。正确选择教学方法可以激发学生的兴趣,改善课堂教学气氛,提高教学效果。

由于体育教学素材丰富多彩,比较松散,明显不同于数学、化学等其他学科,它不具备鲜明的顺序性、阶梯性和逻辑性,这些特征导致了体育教学内容的分类标准多种多样,一般说来,体育教学内容主要从以下几方面划分。

(1)按体育课的授业要求划分:可分为体育运动的基本知识、基本技能和基本技术三类教学内容。

(2)按学校体育的教学目标划分:《纲要》明确规定体育教学目标分为运动参与、运动技能、身体健康、心理健康和社会适应能力五个方面,体育教学内容也相对应地进行了分类。

(3)按体育课的教材类别划分:可分为田径、球类、体操、健身操、传统体育和游戏等方面的教学内容。

(4)按体育学科能力划分:可分为体育运动能力、体育锻炼能力、体育娱乐能力和体育欣赏能力等方面的教学内容。

(5)按体育课堂的教学目标划分:可分为增进健康、发展体能;体育与健康基本知识;基本运动能力与运动技能;体育兴趣与个性培养等多方面教学内容。

(6)按教学内容在大纲中的地位划分:可分为重点、一般和介绍三类内容。

(7)按教学任务划分:可分为学习内容、复习内容和练习内容等。无论哪种分类方法,都是围绕锻炼身体、发展体能、增进健康和培养终身体育这个核心来划分的。其他内容如意志品质的培养、和谐的人际关系和团队精神的培养都要通过学习和实践上述内容才能得以实现和发展。

(三)教学方法

研究大纲规定的教学任务和教学内容,根据体育与健康标准中的领域目标和水平目标,结合本身所具备的教学条件,从众多的身体练习中筛选出最能完成教学任务的练习内容。根据专家建议,选择高校体育教学内容通常应符合以下要求:(1)符合学生的年龄、性别及心理发育特征;(2)选择练习形式活泼、能激发学生练习兴趣的内容;(3)具有鲜明的知识性和健身性;(4)对发展体能和增进健康有显著的效果;(5)动作技术简单,易于掌握。

第四节 全面质量管理下高校体育教学质量管理与保障

一、全面质量管理

全面质量管理(Total Quality Management, TQM)是一种管理方法和理念,它通过整合全员、全过程和全系统的资源,不断提高产品和服务的质量,以满足客户的需求和期望,提高组织的绩效和竞争力。

全面质量管理的核心思想是以客户为中心,强调以质量为导向,通过改进组织内部的各种管理流程和方法,使组织达到客户满意、持续改进和全员参与的目标。

其实施包括以下几个方面。

管理思想的转变:全面质量管理需要领导者推行质量文化,改变传统的管理模式和思想,从顾客的角度思考问题,强调团队合作和全员参与。

过程控制和改进:通过分析和优化各个管理过程,识别和消除可能存在的问题和隐患,建立和维护有效的管理流程和控制手段,实现过程的持续改进。

质量数据分析:对组织的各个环节和过程进行数据分析,通过建立有效的质量测量和评价体系,及时反馈和处理信息,提高决策的科学性和准确性。

人员培训和参与:加强员工的教育和培训,提高员工的素质和技能,鼓励员工参与质量管理,提供持续改进的机会和平台。

持续改进:全面质量管理是一项不断追求卓越的过程,通过不断改进、创新和学习,提高组织的质量和绩效,实现持续发展。

二、全面质量管理的不同模式

全面质量管理可以采用不同的模式实施。以下是几种常见的TQM模式。

日本式TQM：源于日本，以丰田生产方式（Toyota Production System，TPS）为代表。这种模式强调持续改进、客户满意、零缺陷和团队合作等理念，通过精益生产、质量控制工具、人员培训等手段实现全员参与和持续改进

美国式TQM：源于美国，以马尔科夫（J.M.Juran）和德鲁克（Peter F Drucker）等人的理论为基础。这种模式注重领导者的角色、系统化的方法和过程控制，通过质量测量和数据分析、员工培训和参与等手段实现质量管理的全面化。

欧洲式TQM：源于欧洲，以德国和英国为代表。这种模式注重质量保证和质量管理的一体化，通过品质保证和品质管理体系、员工参与和过程控制等手段实现质量的全面提升。

全球式TQM：源于国际化和全球化的趋势，强调跨文化交流、跨国合作和全球标准的制订和实施。这种模式需要针对不同的国情和文化背景，采用灵活多样的方法实施，实现全球化背景下的质量管理。

需要注意的是，不同的TQM模式并不是孤立的，它们之间有很多相通之处，也可以互相借鉴和吸收。在实际的质量管理实践中，需要根据组织的具体情况和目标选择相应的TQM模式，以达到最佳的管理效果。

三、全面质量管理与体育教学质量管理的关系

全面质量管理和体育教学质量管理之间有紧密的关系。体育教学质量管理是一种应用TQM理念和方法的质量管理形式，旨在提高教学质量和效果，促进学生全面发展。

具体来说，全面质量管理强调组织的全员参与、过程管理、持续改进和客户满意等理念，这些理念同样适用于体育教学质量管理。在体育教学质量管理中，需要通过制订质量管理计划、建立质量保证体系、开展教学质量评估和改进等措施，实现教学质量的全面提升。这些措施可以借鉴和应用全面质量管理中的方法和工具，如流程图、质量测量、数据分析、员工培训和参与等，以实现教学质量管理的全面化。

此外，全面质量管理注重领导者的角色和全员参与，同样适用于体育教学质量管理。体育教师作为领导者，需要发挥自身的领导作用，引领学生积极参与教学过程，并通过教学改革和创新，推动教学质量的提高。因此，全面质量管理和体育教学质量管理可以互相借鉴和促进，相互影响和促进以实现教学质量的全面提升。

在体育运动中实施全面质量管理是实施科学发展理念的核心体现。科学发展观的本质是以人为本，这是实现人类全面发展的基础。作为从人类培养中获得不止一项社会功能的学科之一，教育面向具有不同类型社会关系且需要充分发展的人。其使命是培训人民，为全面发展奠定意识形态和道德基础。

全面质量管理的核心理念是以客户为中心，关注客户需求和满意度，而在体育教学中，学生是最重要的客户。实施全面质量管理可以通过持续改进和优化教学过程，提高教学质量，满足学生的学习需求和期望。

全面质量管理强调过程管理和效率提升，可以帮助体育教师更好地组织和管理教学资源，避免资源浪费和重复工作，优化教学效率和成本。实施全面质量管理可以帮助教师加强对教学质量的管理和控制，激发教师的教学热情和责任心，提高教学绩效和职业素养，从而进一步提高学生的学习成果和满意度。

全面质量管理注重不断改进和创新，可以帮助体育教师发现教学中存在的问题和不足，以及应对各种教学挑战和变革的能力。通过全面质量管理，可以推动教学改革和创新，提高教学质量和效果，增强教师的教学竞争力和核心竞争力。

四、基于全面质量管理理论的高校体育教学质量保障体系建设内容

（一）加强体育教学质量管理的组织化建设

为了有效地监测和确保学校体育教学质量，学校必须独立于质量管理职能，重视课程质量的监测。总的来说，质量控制和确保学校组织体育课程，主要是课程委员会、一般质量评估和学生定向小组、体育教育咨询小组和学生选拔咨询小组、课程改革兴趣小组和体育教师指导小

组，确保（监督）小组评估，承认学分小组等。

（二）建立体育教学质量管理体系构建

学校体育质量管理体系应是立体的，全面分析与体育活动相关的各个体系，确定影响教育质量的相关体系和要素。我们需要学习和借鉴管理机构的概念，建立公共教育机构的质量管理机制，全面分析并不断改进质量教育过程。我们要加强教师绩效管理，提高专业体育教师的工作效率，重视学校管理、教学和研究，为教师提供素质和技能。

（三）开展体育教学质量评估工作

全面评估教育质量是确保教育质量的重要一步。通过评估促进教师的专业发展。通过从各种教育渠道收集反馈作为改进教育的基础，可以不断提高体育教师的教学水平，从而提高学校的教育水平。另外，通过评估体育教育的质量，教师可以清楚地表明，他们的工作是认真尊重、理解和履行职责，并最终提高人才发展的质量。

（四）加强评估工作的制度建设

评估体育质量不是一次性的过程。通过对高校教育质量进行普遍定期评估，我们应该建立一个符合中国特点的质量保证体系，使教育更加统一、高质量、充满活力和竞争力。此外，为了提高学校和社会对高等教育和大学体育教育和评估状况的了解，为了赞助和支持评估，为了促进可持续和健康的评估发展，有必要根据开放原则进行评估，必须公正，定期公布高质量的评估结果，并接受社会各方面的监督。

（五）重视评估结果的反馈

在进行体育质量评估时，不仅要注意评估和反馈的正确性，还要及时评估反馈，使评估活动发挥真正的作用。提高高校体育教育质量的过程是一个持续的过程。因此，学校应在提高教育质量的基础上，建立自上而下的 PDCA 循环系统，从而提高学校的教育质量。

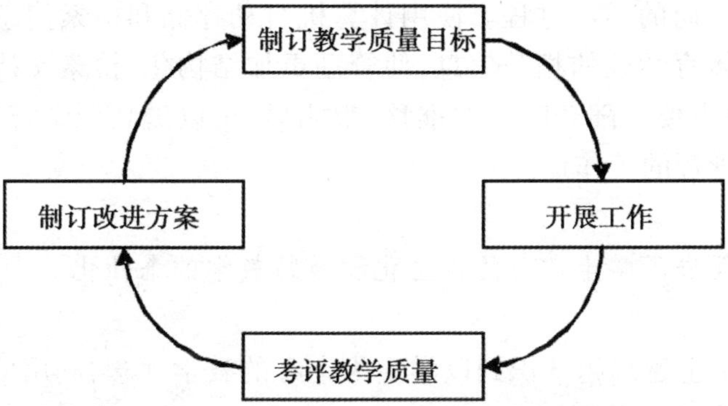

图 3-1 体育教学质量改进的 PDCA 循环

第五节 信息化时代背景下高校体育教学管理系统的构建

一、体育教学管理信息化的优点

（一）促进了教学资源的充分利用

一种新的教育管理方式促进了教育资源的充分利用，并促进了高校的体育改革进程。使用计算机课程规划系统，教学时间使用率超过20%，为扩大入学率创造了条件。多媒体学习材料可以提高学生的学习兴趣，缩短学习时间，提高教育质量。网络可以用来将世界各地的教育资源与信息环境中的教师联系起来。合作教育是国际教育发展的趋势，信息技术可以在支持合作学习方面发挥重要作用。

（二）提高了教学管理的效率

现代管理中的信息变得越来越重要，体育管理系统可以用来实现科学化、统一课堂管理自动化。通过研究评估系统的学习概况，可以实现以评估为导向的学习过程。使用计算机自动存储和检索信息，分类、处理和存储体育学校的相关信息，使管理更加结构化，检索文档和传播信息更快、更方便。随着时间的推移，很明显，可以提高课堂管理的效率，减少课堂管理的工作量。

（三）促进了学生学习的自主化和教师教学的个性化

随着学生越来越认识到以学生为中心的教学理念，利用信息技术支持自学已成为一种不可避免的趋势。学生可以通过互联网独立选择公共机构，也可以申请不包括在学期计划中的私立公共机构。学校可以根据学生的意愿或教师的选择来组织课程。学生也可以了解学习内容和教师状态。在教学中，基于人工智能技术的智能教育系统可以根据学生的不同特点和需求提供指导和支持。

二、体育教学管理信息化的实施

体育教育与信息管理是构建体育教育管理系统的系统工程。具体内容包括：规划信息管理过程，管理教学过程中的信息和管理辅助过程中的信息化，检查和评估过程中信息管理总结反馈，每个内容都是独立但有机联系的。

规划过程管理是指制订和审查各种物理课程的实施情况，包括年度课程、课堂课程、课程计划模块和课程计划。过去，在体育规划和管理制订和审查各项体育计划实施情况的过程中，往往依靠临时抽查、定期审查或其他手段来确保计划的完成。信息管理的使用将大大提高管理效率。信息管理模块可以在规划过程中构建，包括模块中的所有体育计划。每位体育教师将不同的计划直接输入计算机，然后使用文件共享网络。体育只需要在规划过程中打开信息管理模块，就可以及时对各种体育计划进行评审，并提出具体建议，方便快捷地进行管理。

在体育设备、设施和单位管理方面，体育设备可按购买类型和时间进行分类。提供给学生的设备可以及时部署，管理清晰，提高设备利用率；健身房可以及时发布信息，使学生可以避免高峰时间，选择低高峰时间进行体育锻炼，并正确使用教育资源。目前，中国学校体育场的计算机化仍然落后。加强计算机化体育学校的研究，不仅可以充分利用现有的体育学校，使其发挥更大的作用，而且整个学校都可以在计算机科学发展的方向上促进体育教育。

体育财务管理股可以公开购买体育设备，维护和扩大体育设施和各种体育活动所需资金，接受外部监控，甚至体育学校财务管理体系更加透明和严格。检查和总结反馈信息检查和总结反馈管理过程是验证教育质量和管理水平的重要措施。只有不断加强监督和评估，体育才能激发体育教师和助教的热情、主动性和创造力，从而实现提高教育和管理质量的目标。

现代信息社会的深化和信息网络课程的发展，不仅是体育发展的机遇，也是挑战。在此背景下，搜索教育信息将帮助我们了解影响教学结果的因素，并了解教学中的数据库。

三、体育教学中的信息化手段概述

体育教学信息化手段是一种体育教学的创新，主要是由光线、声音、影像等多种元素构成的多媒体技术手段，现通常是现代多媒体技术方法与教学多媒体的结合。也就是通过运用辅助运动实践教学的一种新的教学方法。现代多媒体体育教学方法主要包括体育教学时教师的范例录像分析、利于学生理解的体育教学动画片制作、观看体育教学比赛节目、观摩体育教学交流论坛等。运用此手段可以将复杂的动作通过慢镜头与定格来使动作一帧一帧地呈现在学生面前，熟练掌握体育动作，进而使学生更快更全面地建立起表面印象，并加深对动作的理解。

随着信息技术的快速发展，越来越多的信息化手段应用到了体育教学中，以下是常见的体育教学信息化手段。

多媒体教学：包括使用投影仪、电脑视频和音频设备等展示和演示课程内容，能够丰富教学内容，增加教学趣味性，提高教学效果。

远程教学：利用互联网技术和在线视频会议平台，进行分散地域的学生在线课堂教学，让学生在任何地方都可以接收到高质量的教育。

电子课本：采用电子版教材、教辅材料等，可以在互联网上进行下载和查阅让学生可以方便地获取学习资料。

教学软件：如体育教学管理软件、运动技能学习软件等，可以帮助教师对学生的学习情况进行记录、分析和管理，同时也能够提高学生的学习效率和学习兴趣。

虚拟现实技术：利用虚拟现实技术创建各种虚拟场景和体育运动场馆，让学生在虚拟环境中进行身临其境的运动体验，提高学生的运动技能和体验感。

手机应用程序：通过手机应用程序进行在线体育课程学习、运动数据分析和交流互动，使学生可以在任何时间、任何地点学习体育知识和进行体育运动。

四、信息化技术在高职体育教学中的应用现状

（一）教学模式得到优化

有关调查问卷显示，在对现代化技术辅助传统体育教学的调查问卷中显示，95% 的教师表示这一手段会优化教学模式。究其原因是，在互联网信息爆炸的时代中，网络上充斥着各种水平不等、标准不同的教学课件、讲义、视频等资源，且数量庞大，这就使得教师在实际教学过程中要花费更多的精力去进行筛选整合消化学习，这就使得尽管在同一地区，同一学校，但仍然会出现不同的信息资源。所以建立统一的体育教学信息资源管理平台是很有必要且有一定优势的，使体育教学模式更具系统性、科学性。

（二）教学效率得到提高

信息化手段进入高校教学后，体育教学已经由原来传统的体育课堂上的教师示范教学、学生模仿练习、教师纠错、学生再练习完成动作的方式转变为形式多样的体育教学参观模仿学习，如：利用动画游戏、文本视频等手段进行观摩课外体育活动及体育竞赛，或者让学生通过网络资源来查找有关视频等方式来学习，也是体育教学信息化的重要组成部分。教学信息化能够使广大师生在体育信息化教学时不再盲目地选择体育教学信息资源，更好地为课堂体育教学和学生主动进行体育学习服务。由于教学形式的多样化与信息化的简便快捷化使得教学效率得到了极大的提高。这样在运动实践课中，学生更容易进行模仿练习，有效提高学习效率。此种方式的改革使学生随时随地进行体育学习成为可

能，学生可以通过网络进行体育课堂教学的预习，减轻了教师的教学任务，也使得教师能够有针对性地进行辅导，提高了教学效率。

（三）学习兴趣得到激发

体育课堂教学、课外体育活动和体育竞赛都属于体育教学，激烈的体育竞赛可以培养学生顽强拼搏的精神，并激发学生强烈的爱国主义精神，有利于培养学生积极向上、坚韧不拔的性格。体育教学信息化教学通过视频画面（图片、声音、体育名人锻炼片段）将内容生动形象地展现出来，使复杂的动作过程简单化，体现技术动作结构的完整性，使学生通过多种感官去品味动作，从而激发学生的学习兴趣。尤其是学生对体育明星产生浓厚兴趣的时候，对该项目的学习效果会更好。在体育教学信息资源里有多种体育教学资源，学生在进行单一的体育课程学习时开阔了他们的眼界，激发了他们体育学习的热情，对培养终身体育运动习惯有重要促进作用。

（四）师生关系得到提升

体育教学信息资源不仅能够解决在教学时碰到的教学内容单一枯燥，也能够解决师生课上运动时间不足的问题。主要是因为信息化体育教学既能够为体育教学信息化服务，也能为学生提供娱乐消遣的体育赛事体育明星等信息栏目。所以通过现代互联网技术与体育教学体育管理等相联系，通过建立学生与教师相同的信息资源，就有了共同的话题，进而师生之间的距离感减少，极大地促进了师生之间的交流，使师生关系得到提升。

五、信息化技术手段在高校体育教学中应用存在的问题

（一）体育教学信息化资源开发严重不足

在我国体育教学进行过程中，所借助的基础设施等的建设还不完善，我国一直以来的重文化轻体育的大环境氛围仍然存在，所以在高校

教育的过程中教学在人力与财力方面的投入都不够,从而导致体育的教学环境受到影响。另外,随着互联网技术的不断发展,需要高校在体育教学信息化的过程中将网络技术与现有的科学技术与体育教学结合起来,从而改善体育教学的质量,提升教学效率。在信息化高速发展的今天,高校中将多媒体场馆和室内多功能体育馆、运动场等的配备是必要的基础,另外关于体育资料的管理资料等,仍有部分高校以纸质材料为主,造成了管理不便与查阅资料时时间的浪费与由于纸质材料的破损造成的难度,所以将信息化教学管理资源快速开发势在必行。有关调查显示,部分地区由于资金的经济问题限制了学校建立与学生实际情况相符合的体育网站,导致其无法对高校学生有针对性地进行体育成绩、考核、训练等一体化的管理,影响了体育教学的服务与教学质量,所以,高校教学过程中对体育教学的认识有待进一步深化,资源有待进一步开发。

(二)资源共享缺乏有效的信息途径

在高校体育教学的过程中加强信息化建设,对学校体育信息(教师课堂内容、学生学习进度、学习检测、成绩登录查询管理、师生服务交流等)进行整理传递,并利用互联网技术为体育教学提供资源共享的渠道。体育课程管理信息是体育课程的重要组成部分,主要提供内容有教学材料、如何应用于实践教学环节、体育教学考核评测和关于课程实施的重要信息。现阶段,尽管外界社会的信息化发展速度快速,但是应用于高校中的信息智能化的教学观念薄弱,与外界社会的新环境的发展已经出现了脱节甚至断层的现象,在实施的具体过程中,缺乏先进的教育手段和教学方式,使得高校体育教学无法充分适应时代的需求及应对新的挑战。另外,由于高校体育教学过程中需要依据具体情况应用现代信息手段进行合理的指导,但由于条件限制以及发展的不均衡使得在资源共享的过程中课程结构、内容等方面的设置呈现了一些不合理的情况。其课程资源、教学方法与课程建设也无法调动学生教师的积极性,不能满足高校学生的需要,导致多媒体等信息化教学手段无法与体育教学进行结合。

（三）体育教师现代信息化技术掌握的能力有待提高

教师是课程教学的主要实施者，在现代化信息技术发展的情况下，只有将任课教师的信息化素质提高，才能有效促进信息化教学的发展。在一定程度上，教师的现代信息化意识不强，缺乏现代化信息知识与意识严重影响了信息化建设的发展与体育教学质量。所以在此基础上，教师应当及时掌握现代化信息技术，学习互联网技术，加强对体育教师的信息化技术教学的培训，增强利用多媒体等设施来教学的频率，加深对该项技术的了解，为切实提高体育技能、进行体育训练提供保证，也能引导学生在互联网时代建立终身学习和体育的意识，为提高学生身体素质奠定基础。

六、当前信息化技术手段在高校体育教学中应用的对策分析

（一）以信息化管理为基础合理制订运动训练计划

在改善高校体育教学的基础之上，首先就要做到从实际出发，了解学生身体素质，明确我国大学生应达到的体育素质，两者做出对比，从而制订合理的训练目标和训练计划，并在有针对性地组织体育训练活动之余寻找计算机网络技术与体育教学的切入点，加强信息化管理与体育教学的科学性。其次，利用现阶段的信息化与智能化等，可以将不同学生的具体性，将所有的信息例如学生测验成绩、心理状况等数据，进行有效统计、分析，从而进行组织训练，了解学生所能承受的运动训练负荷，量身为学生打造专属于自己的极具科学性与系统性的训练目标与计划，为切实提高高校体育教学发展、达到良好的教学效果及学生身体素质奠定良好的基础。

（二）以信息时代为背景加强高校体育教师整体素质的培养与提升

任何时代下的教学活动都是以人为本为原则，在信息化时代更是离不开杰出教师的培养。为使学校不与信息时代下的社会脱节，就要做到在信息时代为背景下，加强高校体育教师整体素质的培养与提升。一方

面，加强对高校体育教师的培训与学习，加强教师在体育教学事业中的责任感与使命感，更新教师的教育观念，不断学习，更新知识，充分利用信息化设备充实自身的体育技能。另一方面，要善于学习国内外现代教育理论，研究体育教学实践，以生为本，加强引导学生培养对体育锻炼的兴趣，利用学生的学习能力强、接受新事物速度快这一特点，深刻挖掘在学校中信息化能力强的新型人才，从而使学生对体育网络产生极大兴趣，为构建良好的信息化学习制度与环境做准备。

（三）将信息技术与高校体育管理有机结合

部分高校认识到网络信息技术的发展对体育信息化管理工作的重要性，所以在实际教学过程中，对相关课程内容予以完善和变更。制订统一的信息技术下的教学管理意见及办法，积极调动学生及教师的积极性与创新性，使互联网技术与体育管理进行系统科学性的统一与融合。可利用网上选课这一手段对学生的兴趣进行充分的了解，进而有针对性地将体育教学内容进行改革与发展，时刻把握好时代脉搏与学校教学管理动向，合理规划高校体育管理机制改革，真正为实现现代化、信息化体育教学贡献力量，利用计算机与网络的强大功能，为体育教学探索出新的教育体制与教学模式。

随着互联网 + 时代的推进以及信息变革加速的新技术和新媒体的不断出现，信息化已经成为高校体育教学发展和改革的重要方向。加强教师队伍的信息化素质的提升，改善学校信息化制度的管理是高校体育教育发展的必然趋势。同时要在以学生为主体，以教师为媒介的课堂教学中，坚持用现代信息技术突破传统体育教学的限制，全面整体地将信息技术渗透在高校体育教学的应用中，切实实现信息化体育教学管理，使我国的信息化体育教学稳步提升。

七、新媒体时代下体育课教学模式的创新

人民群众日渐增长的体育需求与体育服务供给不足之间的矛盾，是近十年来体育学者们讨论的热点问题之一。这种供给不足主要体现在供给质量与效率不高、供需结构不完善、供需匹配度待提升、供需动态欠平衡等方面。即，有效供给不足，无效供给过剩。有效供给是指“通

过公共服务制度体制的完善、提供机制与工具的改革、质量持续改善等来改善公共服务自身的体系，促使用于公共服务的社会公共资源得到充分利用，保障公共服务高效、优质、准确地输送给需求者”。分析有效供给不足的原因，是由体制、结构、观念等多个因素综合作用造成的。具体表现为体育服务市场体制陈旧、买卖双方观念落后、产品生产环节创新力度不够，公众参与动能不足、平台建设创新力度不够、信息公开不到位等。“互联网 +”体育服务融合的产物——体育智能化服务形态，是实现有效供给的可行性途径之一。

互联网思维对于改变体育服务有效供给不足的问题，具有天然的耦合性。开放、平等、共享的互联网精神为体育服务进一步与“互联网 +”融合提供了先决条件，有利于改变旧有服务市场买卖双方观念，优化市场服务机制；互联网经济手段为优化体育服务、实现有效供给提供了在交易技术（如长尾理论）、交易结构（如市场均衡论）、交易绩效（如消费主权论）等层面的实现路径。可见从制度供给、供给机制、供给保障、创新动力等多角度，互联网思维与体育智能化服务有效供给的目标与效能均是一致的，两者具有天然的耦合性。

（一）供给保障系统

体育智能化服务的供给保障系统是通过评估与监督来达到持续改善服务自身的体系，促使社会资源得到充分利用，保障体育服务高效、优质、准确地输送给需求者。互联网与生俱来的开放性，非常适宜扁平化的保障管理。以用户为中心的思维理念，保障了评估与监督的客观平等。互联网互通、协作、共享的特点有利于提升供给保障系统的高效率。在互联网经济环境下，消费者主权论揭示需求主体（消费者）在体育服务供求交易议价中的力量，逐渐超过供给主体并获得支配地位。因而，在有效供给体系中，政府、企业、社会组织等供给主体与需求主体，协作实行评估与监督。其中，需求主体在议事规则中占支配地位。即，需求适配与否决定了评估与监督的结果。基于此，有效的供给保障系统可以无缝衔接制度供给系统。在迅捷高效的互联网信息处理技术帮助下，保障系统可以通畅地将供给体系的优与弊，及时传递到制度供给系统，为改善制度决策提供条件，从而达到持续改善服务自身体系的目的。

（二）创新动力系统

支持创新的原动力一般来源于创新主体质与量、创新思维、创新平台、跨学科创新教育、跨界创新交流等方面。“互联网 +”发展成果能够为体育行业提供创新驱动，也符合体育智能化服务有效供给创新动力需求。在创新主体质与量方面，互联网思维下开放共享的精神，打破时空约束的理念等，为供求双方的参与组织和个体创造了创新的可能。特别是广泛的需求主体能够参与创新，符合“大众创业、万众创新”愿景。在创新思维与创新平台方面，互联网思维本身就是创新思维，开放共享的用户思维结合“互联网 +”技术搭建的硬件平台能够有效满足创新需求。在跨学科创新教育与跨界创新交流方面，“互联网 +”教育模式，可便捷地帮助教育者和创新者获得跨学科创新教育资源，为培养体育服务创新人才提供支持，同时也有利于多元化创新主体的跨界创新交流。可以预见，互联网思维下多元化的创新主体，通过线上线下结合的形式，共享创新资源，分享创新体会，交流创新经验，必然会迸发出可持续的创新力。

（三）供给机制系统

供给机制是从供给主体和运行机制的角度抽象出的供给模式，实质是在准公共品供给中的资源配置方式。体育智能化服务的供给机制联结着生产、交换、分配、消费等环节，是供给主体（生产者）与需求主体（消费者）关系在供给实施过程中的反映与表现。失灵的供给机制多存在供给主体缺失、需求主体失声、社会力量薄弱，往往是由于供求信息不对称、公众参与平台缺位等导致供需错配，同质化、低水平供给范式使公众被动需求，需求满意度与获得感下降，影响了公众供求活动的参与动能。

互联网思维可通过提供机制与工具的改革，如运用竞争性、志愿性的工具以及新型互联网技术，来强化体育智能化服务供给机制的运行能力和有效性。体育服务供给机制与互联网理念的融合，体现在打通虚拟实体、打破时空约束，追求极致化、模块化，普适化、免费化等方面。打通虚拟实体、打破时空约束，需求主体可以通过线上平台进行信息获取、购买决策，再通过线下实体享受体育服务体验，并有效及时地通过平台共享或反馈需求动向，实现线上与线下服务（O2O）供给的一体化。

八、提升普通高校智慧体育锻炼成效的策略

智慧体育（Smart Sports）是将物联网、云计算、人工智能等网络科学技术视为基础，汇聚多元健身信息、各种运动项目、专业体育知识等优势资源，依托教育教学、大众健身、体育产业转型升级等建设的数字化体育工程。作为一种新兴的科学技术，其核心技术主要表现在体育知识传播信息化、体育数据反馈数字化、体育锻炼过程智能化，在满足学生对体育锻炼各种需求的基础上，将先进科技融入体育行为的各个环节之中，从而带来前所未有的智能化、便捷化与安全化的革新与发展。

2021 年 10 月 8 日，国家体育总局下发的《“十四五”体育发展规划》强调，要推动全民健身智慧化发展。同年 11 月 10 日，国家体育总局发布对《“十四五”体育发展规划》中体育信息化内容的解读，明确表示，“要持续推动大数据、区块链、物联网、云计算、人工智能等技术与体育行业的深度融合”。“十四五”开篇之年，随着国家相继颁布的政策文件，为高校智慧体育的发展厘清了思路、提供了方向。云计算、大数据等高新科学技术快速发展，让体育锻炼的方式和内容充满了无限可能。怎样充分发挥智慧体育锻炼的价值，探讨基于体智云和 AI 互动的智慧体育模式如何应用到大学生体育锻炼中，以期解决目前在线体育锻炼的难题，提高大学生参与体育锻炼的积极性，强调发展大学生的体育锻炼意识与习惯，助力于全民健身国家战略的实现，这是值得众多高校体育工作者深思的问题。

（一）以大数据、AI 互动营造高校智慧体育锻炼环境

如今 AI 互动、大数据、5G 技术、互联网技术飞速发展，“智能、开放、共享、融合”等理念在智慧体育锻炼中产生了深远影响，大数据与 AI 互动赋能高校智慧体育锻炼，呈现“智慧化”“数据化”“信息化”等特点。以大数据、AI 互动技术贯彻落实高校智慧体育锻炼，营造丰富多彩的高校智慧体育锻炼环境，教师可凭借终端平台处理学生运动的实时数据，并及时加以反馈；学生可通过 App 共享运动成果和经验、享受便携的运动服务、接受个性化的锻炼指导；真正实现从传统的体育锻炼环境向智

能体育锻炼环境的转变。形成了“体育锻炼项目精彩全面、体育锻炼内容科学高效、体育锻炼智慧化水平大大提高”的浓厚高校智慧体育锻炼氛围。

大数据可以帮助构建体育锻炼环境,以下是一些具体的方法。

采集健康数据:可以利用智能手环、智能手表、智能运动鞋等设备采集学生的健康数据,包括心率、血氧、步数等。通过分析这些数据,可以了解学生的健康状况和锻炼水平,为教师提供科学的锻炼指导和建议。

分析运动数据:可以利用智能设备采集学生的运动数据,包括运动时间、距离、速度、卡路里等。通过分析这些数据,可以了解学生的运动习惯和偏好,为教师提供科学的运动方案和锻炼计划。

构建个性化锻炼方案:通过分析学生的健康数据和运动数据,可以为每个学生构建个性化的锻炼方案。这些方案可以包括适当的锻炼强度和时长,以及适合学生的运动方式和运动项目。

提供实时反馈:通过智能设备采集学生的运动数据,可以为学生提供实时的反馈和建议。例如,当学生的运动强度过高或过低时,智能设备可以发出警告提示,提醒学生调整运动强度。

分享运动经验:利用大数据可以建立一个共享平台,让学生分享自己的运动经验和成果。这可以激励学生积极参与体育锻炼,并促进他们的学习和进步。

(二)基于“体智云”与AI互动构建智慧体育锻炼模式

体智云是以“互联网+”、云数据技术为基础,依托网络为上传途径的数据终端处理平台,其特点是反应速度快、结果准确可靠等。AI互动功能是以固定算法模型为基础,在学生进行体育锻炼时可以定标人体骨骼点,辅以精准的动作捕捉技术,并有自动计数、计时功能。“天天跳绳”APP包含“体智云”及AI互动功能,依托传感系统、人脸识别等感知手段,对体育行为进行跟踪式监测管理,鼓励体育锻炼者参与运动并不断增强其运动能力,让体育锻炼真正转向“人工智能”时代。并在锻炼过程、锻炼项目、体育云比赛和体质测试方面不断融合创新,既符合高校智慧体育锻炼的实际需求又充满了前沿科技,智慧化程度大大加强。

1. 锻炼过程可视化

基于天天跳绳APP里的体智云及AI互动功能，以“互联网+”、云数据技术为基础，依托网络为上传途径，实现锻炼过程可视化。其特点是数据上传与体育锻炼同步和锻炼过程实时录像，并且锻炼时如果动作不达标还会有AI自动监管功能，及时提醒学生按照动作标准进行体育锻炼。大学生使用天天跳绳进行体育锻炼时，锻炼后的运动数据实时传入体智云数据处理平台，对体育锻炼结果立即进行分析、处理，最终将包含信息化、数字化、数据化特点的锻炼数据上传到教师平台系统。教师只需查看学生的锻炼录像和锻炼数据，就能了解学生锻炼情况，及时敦促学生参与体育锻炼，提高锻炼成效。

2. 锻炼项目多样化

大学生数量庞大，兴趣爱好广泛，个性差异明显，进行体育锻炼所达到的目的也迥然不同。天天跳绳APP包含各类体育锻炼项目，如跳绳类、体能类、核心力量类、球类、跑步类、游戏类等，各种各样的锻炼项目能引起学生锻炼兴趣，满足学生锻炼需求，学生以乐学的方式参与多样化的体育锻炼，不仅丰富了课余生活，增强了体质，还真正实现了以体育德、以体育智、以体健美、以体育人的教育目标。

3. 体育云比赛常态化

体育云比赛是智慧体育锻炼的一部分，组织线上比赛时，可以设置相应的奖项并通过智慧体育平台的传播功能进行宣传，提醒同学们积极参加体育锻炼，保持身体健康。比赛内容以跳绳、体能为主，或是围绕各项目的基本技术展开，如篮球的投篮、运球；排球的垫球、传球；足球的颠球等；也可以是趣味运动如基于AI互动技术的拳击、打雪仗、水果快打等。参赛学生只需认证身份信息，完成注册班级，教师可以在对应班级一键设置比赛项目，学生只需要完成比赛即可。并且比赛过程中会有AI智能裁判功能，对比赛过程进行监督，赛后的比赛成绩会由体智云数据库自动整理、排名，减少了统计工作量，教师审阅比赛结果即可。云比赛丰富了体育锻炼的形式，更因为网络的包容性与新颖性，创新了比赛项目，打破了时空限制，拓展了参赛范围，走在了与时代齐头并进的前列。

4. 体质测试智能化

体质测试以考核的形式更能直观地反映大学生体质健康水平，天天跳绳智慧体育平台对体质测试流程规范化管理、测试效率科学高效和测试结果智能分析等方面，打造了集体质测试数据收集、分析、处理、智能决策及响应需求于一体的智慧化体质测试运行系统。在进行各类体测项目测试时，大学生通过该软件就可以对自己的测试数据准确分析与评价，结合自身状况，合理安排运动负荷和调整锻炼内容，在提高测试成绩的同时达到提高身体素质的目的。

（三）政策引领制度先行，构建人工与智能协同评价

针对学生体质健康状况不佳、对体育锻炼存在排斥和抵触情绪等问题，国务院、国家体育总局和教育部相继出台了一系列政策文件，不断推动完善政府主导、社会协同、公众参与、法治保障的全民健身工作机制。高校要按照各文件精神指示以提高学生身体素质为引领，以推动高校体育智慧化发展为主题，将智慧体育理念逐步融入大学生的体育锻炼中，实现智慧体育锻炼结构优化调整、内容科学高效和体育锻炼智慧化水平大幅提升的目标。教师评价结合智慧体育平台数据评价两者是高校智慧体育锻炼评价体系的重点，通过评价体系可以了解大学生锻炼过程中出现的问题，提出相关解决建议。依托“智慧体育”大平台，将教师人工评价与智慧化数据评价融会贯通，构建人工与智能协同评价体系，依靠此评价体系，教师结合智慧化数据评价所反馈多元数据如锻炼时长、锻炼项目和锻炼频率等多角度地对大学生锻炼效果进行评价，保证评价数据来源真实有效的同时提升体育锻炼的质量。

（四）加强教师智慧体育应用能力，推动高校智慧体育发展

要使智慧体育真正走进校园里的每个角落，教师队伍对智慧化及信息化等科技知识的掌握无疑是关键因素，现阶段要促进体育教师智慧体育应用能力建设，不断完善体育教师智慧体育实施工作机制，健全行之有效的智慧体育应用体系。面对智慧体育科技创新、体育锻炼场景应用、学生主体需求增加等问题，对体育教师不仅要提出高要求，更要

注重“补短板”的力度。主管部门要加强体育教师对智慧体育理论的学习,深入研究智慧体育知识,深层次、多角度、广范围地对智慧体育应用能力进行全面升级。实践是检验真理的唯一标准,体育教师们要集思广益,充分结合大学生锻炼需求的实际情况和大学生心理特点而开展锻炼活动。教师经过大量的智慧体育应用实践,积极探寻智慧体育如何应用的有效路径,所以对智慧体育产生深刻了解,自身的智慧体育应用能力也得到了长足进步,从而推动高校体育智慧化的普及与提高。

高校智慧体育的时代已经到来,智慧体育锻炼势在必行。围绕高校智慧体育锻炼普及化、特色化和专业化等需求构建智慧体育锻炼模式是实现全民健身国家战略的一种有效措施,更是未来体育锻炼领域的大趋势。要坚持以提高学生身体素质和促进学生体育锻炼积极性为核心,持续推动智慧体育锻炼在高校的普及与发展,逐步建立体系完善、氛围浓郁、便于开展的高校智慧体育锻炼运行机制。但是现在还处于理论探索和实践探索的阶段,尚未成熟,有很多不足之处,也有很多困难要面对,还需要更多的体育教师一同解决问题和深入推进体智云与 AI 互动应用与体育锻炼领域的结合,推动高校智慧体育锻炼的发展。

第四章

高校课外体育活动管理研究

课外体育活动不仅是各大高校体育教育中非常重要的部分，同时也是实施素质教育的有效途径之一。高校通过长期地、广泛地开展形式丰富的各项课外体育运动，给学生提供了很好的运动条件，营造了良好的运动氛围，这有利于学生更加积极地参与到运动健身的行列中去，养成良好的运动习惯。因此，各大高校需要足够重视课外体育活动，加强对课外活动的管理。

第一节　高校课外体育活动的常规管理

一、高校课外体育活动的管理部门

做好课外体育有效管理，有利于促进高校课外群体活动的顺利开展。高校课外体育活动的管理模式具体如图 4-1 所示。

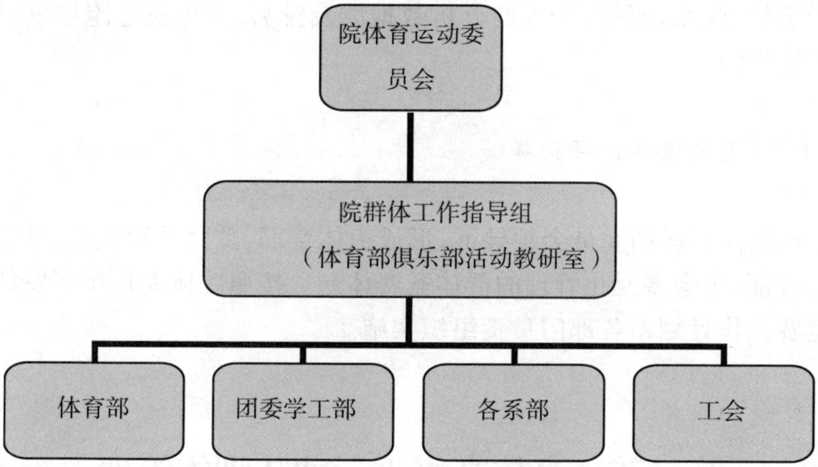

图 4-1　高校课外体育活动的管理图

院体育运动委员会可以说是院群体工作的最高领导机构，它的功能主要是从宏观方面对全院群体工作进行统筹、指导与安排。体育部、团委学工部、各系部、工会等部门处于同一层级，它们主要具体执行院体育运动委员会制订的工作计划以及完成院体育运动委员会提出的工作要求。其中，体育部是课外体育管理中十分重要的职能部门，它起到一个桥梁的作用，协调各个部门。此外，体育部还制定切实可行的管理制度，将课外体育纳入课程管理，将课堂教学与课外体育有效结合起来。

二、高校课外体育活动的管理形式

（一）跑操管理

目前我国部分高校已开始借助一些跑步类APP来管理学生课外体育锻炼，主要形式是借助智能手机GPS定位功能来实现，学生在校园里以徒步跑的方式寻找系统随机分配的任务点，每个同学跑的点不同，类似于定向越野。这种形式相对于传统的早操有很大的优越性，至少可以让同学们运动起来，保证了一定的运动量。这种跑操管理模式，在目前的技术范围内最为便捷和有效，学生运动数据实时上传到云端，可实时查看学校、院系、班级、个人的分析数据以及排名，学生通过跑步里程获得相应积分。

（二）高校课外体育竞赛

在院体育运动委员会领导下，形成由体育部、院团委学工部、系学生会体育部、工会多元化管理的群体竞赛体制。按照院体委每年下发的群体竞赛工作计划由各部门负责组织实施。

第二节　高校高水平运动队训练管理

一、运动员选材管理

一提到运动员选材管理工作，我们大多数人首先想到的便是对运动员进行背调以及对其做一些相应的测试，然而，运动员选材管理的任务并不局限于此，最主要的任务是组织管理和监督、审查等工作，发挥对选材技术性工作的服务和保障作用。总之，在选材管理中应该完成的任务，大致有以下几项，具体如4-2所示。

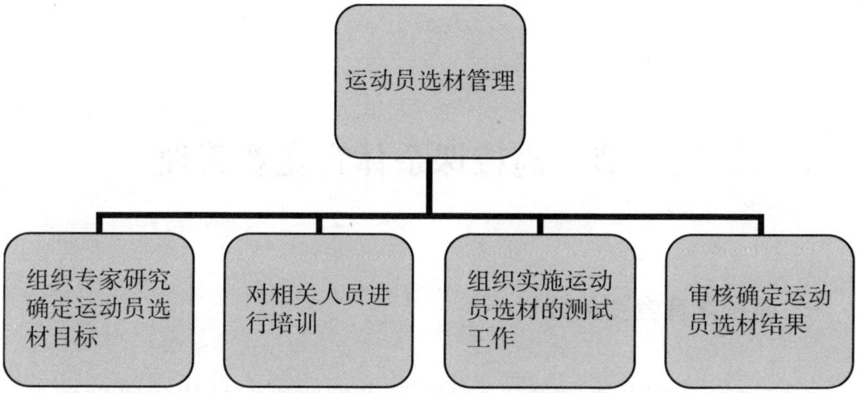

图 4-2　运动员选材管理

二、运动训练目标管理

高校高水平运动队的训练管理内容之一就是制订一个合理的目标。那么,这个合适的训练目标要如何制订呢?第一,对运动队的水平、状态有一个正确且清晰的认知;第二,训练目标并不是一成不变的,经过严谨的分析讨论后,需要再次优化训练的目标;第三,重视与运动训练目标相关的要素,要对与运动训练目标相关的要素进行详细的记录与描述,从而了解训练目标与各要素之间的联系与影响。

三、运动训练计划管理

对运动训练计划的管理与审查应该从三个方面入手:一是明确性,二是科学性,三是可操作性。首先,要审查运动训练计划是否清晰、明确;其次,要审查运动训练计划是否是科学的、合理的,有没有存在训练过度的情况;最重要的一点是要审查运动训练计划是否具有可操作性,如果训练计划制订好了但是却无法完成,那就是一个失败的计划,这种情况要避免发生。如果一个运动训练计划符合以上几个要求,那么就可以继续往下进行了。

第三节　高校课余体育竞赛管理

一、高校体育竞赛的分类

高校体育竞赛分类方法有多种，可以按照组织机构的级别划分，可以按照比赛项目的数量划分，也可以按照竞赛的性质划分，具体如图4-3至图4-5所示。

（1）按照组织机构的级别划分。

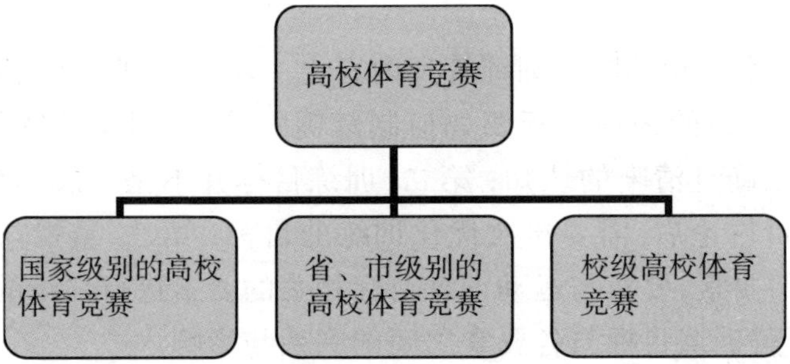

图4-3　高校体育竞赛（1）

（2）按照比赛项目的数量划分。

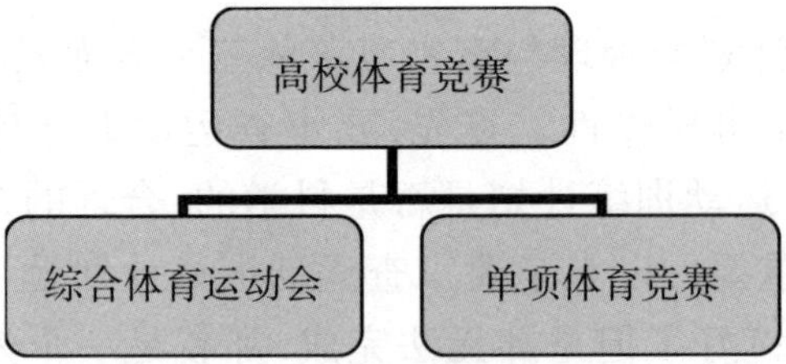

图4-4　高校体育竞赛（2）

（3）按竞赛的性质划分。

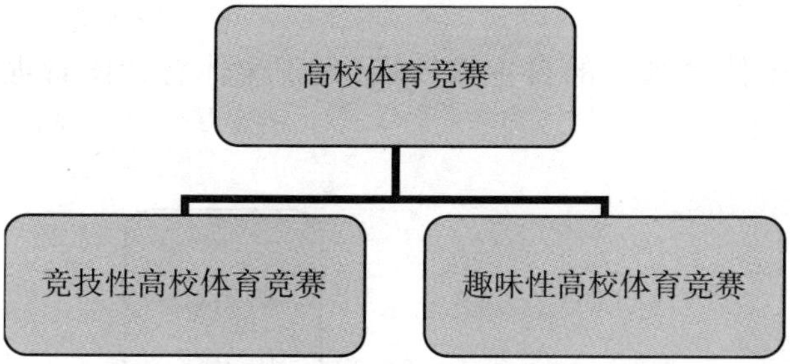

图 4-5 高校体育竞赛（3）

二、高校体育竞赛的组织管理形式

我国高校体育竞赛主要采用组委会制的组织管理形式。因此，组织管理的形式不会因为竞赛规模和竞赛级别以及竞赛性质的不同而产生变化。高校体育竞赛一般由教育管理机构指导和监督其下属体、卫、艺管理部门策划和组织实施，其他单位协助管理。

第四节 高校体育社团与体育俱乐部管理

一、高校体育社团管理

（一）学生体育社团的活动管理

我国高校大学生体育社团由校团委和校体育部门负责管理，大学生根据自己的兴趣爱好选择体育社团，然后进行会员注册。校团委会定期对体育社团负责人和社团会员进行培训，以提高他们的思想素质、组织能力、技能水平等。大学生体育社团的活动要符合各项法律的规定以及学校规定，在保证大学生参与社团活动的相关权利的同时，对会员中出现的违纪违法行为坚决禁止和取缔。

（二）大学生体育社团管理的内容

高校学生体育社团的自主性较强，大学生体育社团管理的内容具体如图 4-6 所示。

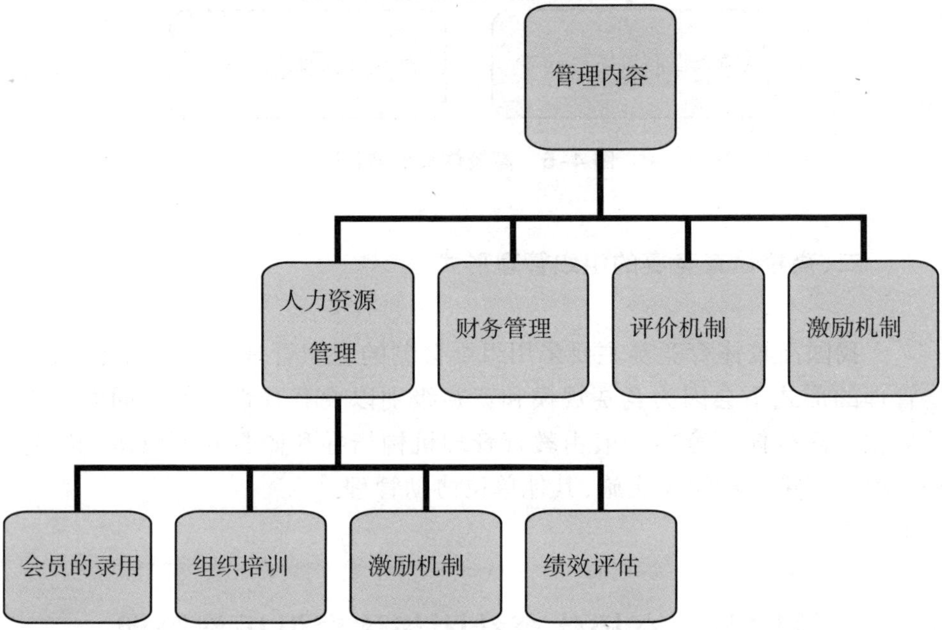

图 4-6　大学生体育社团管理的内容

二、高校体育俱乐部管理

（一）高校体育俱乐部管理模式的特征

1. 业余性

高校体育俱乐部本身具有业余性的特征。高校体育俱乐部不同于社会性质的体育俱乐部，高校体育俱乐部的主要会员均来自于本校的学生，他们利用课余时间参加体育俱乐部的活动或者比赛。相对于社会竞技体育，高校体育俱乐部的学生大多基于相同的体育爱好，目的在于锻炼体魄,主要是出于对体育活动的热爱。

2. 差异化

高校体育俱乐部模式本身具备多样性的特征。这一点可以从项目选择、教授方案、组织形式、活动内容等方面加以体现,而高校学生正是集聚了不同水准和认识以及不同兴趣方向的一个大群体,正符合此类模式的涵盖人群特质。针对学生的不同诉求,学校可以设立譬如篮球、足球、游泳、乒乓球等方面的内容,除了完成日常教学内容、达成教学任务,也可有针对性地开设健身指导、裁判培训、卫生保健等项目。组织方式可以是团队合作,也可以突出个人能力,还可以以系列套餐方式进行个人与团体的交叉组合,而活动内容的可选择性更为丰富宽阔,灵活多变。

3. 民主化

高校体育俱乐部模式本身具备民主性的特征。体育俱乐部对所有学生保持无差别开放,只要认可并且能够遵守体育俱乐部的规章制度,所有人不受年级、性别、民族、专业等方面限制,均可加入。为了充分保障俱乐部的民主性和会员的民主权,俱乐部的管理层均由全体会员选举产生,俱乐部管理层与会员之间属于平等互助关系。是否参加体育俱乐部,学生有着完全自主权,在没有任何外界压力的影响和不必要因素的干扰下,任意选择体育项目、时间以及周期,包括是否在俱乐部任职都遵从自愿原则。

(二)高校体育俱乐部管理体系的完善

高校体育俱乐部的管理需要完善的组织体系和管理机制。一方面能够确保整个高校体育俱乐部健康良性运转,另一方面也能够为高校体育俱乐部教学模式的发展提供有力的帮助。首先,在完善高校体育俱乐部管理体系阶段,高校应结合学校的实际情况和教师队伍的专业能力,组建由学校和俱乐部共同参与的管理组织体系,学校主要由教师担任主管职责,而俱乐部的学生作为辅助工作,以便对俱乐部运作情况查漏补缺、做出预判。其次针对服务学生的主旨可建立由学生参与的管理岗位,使学生群体参与管理过程,从学生角度献策献计,在锻炼学生的同时及时了解其诉求，从而确保俱乐部发展方向的正确性。另外，在运作时也可适度吸取商业化经营模式，将拓展有偿服务纳入管理内容，确保管理工作与社会发展结合的即时性。以上措施的实施都有助于高校课外体育活动的管理。

第五章

高校体育文化管理研究

体育教育除了培养学生的运动技能，使学生养成良好的运动习惯之外，还要突出对体育文化的传播，使学生通过体育理论课、体育欣赏课、体育实践课的学习和课外体育活动的实践，从而更加了解体育文化，具备良好的体育文化素养，真正做到了解体育、热爱体育。

第一节　高校体育文化建设与管理

一、高校体育文化建设与管理中存在的问题

（一）传统教育观念陈旧

体育是一门重要的学科，也是一种灵活的交流方式。许多高校已经认识到它的重要性，但没有做到真正的改善。比如体育课程设置较少，体育教育的目标不明确等问题，严重地制约着学生在体育方面的发展。许多学生对所学的内容一知半解，连自己为什么要上这门课都不清楚，只是为了期末学分。对一部分家长来说，他们认为体育课的开设会浪费孩子学习专业知识的时间，由于一些家长对体育课持有错误的理解，以为孩子上了大学就是专门研究某个专业的。这些情况都掩盖了一个学生的可能性。打破体育教育理念中固有的传统是当务之急。通过教育改革，鼓励教师向父母普及科学，并改变他们的观念，努力培养以人为中心的体育文化，使学生能够更好地学习非主流科目，并继续发掘其潜力。

（二）课程设置不够科学

一些高校的课程设置不够科学，导致教育资源浪费。为了让学生在道德、智力、身体和美学方面全面发展，有必要创建多样化且合理的课程。在体育课程的开设中，要针对不同学生的基础，设置课程难度，做到因人而异。如果一味地增加运动的难度，很可能损伤到学生的身体健康，这就违背了体育运动的初衷。另外，体育运动的种类很多，例如棒球、游泳、健美操等，体育课程的设置要尽量多样化，让同学可以根据兴趣选择体育运动。

二、加强高校体育文化建设与管理的对策

（一）加强高校体育文化制度建设，健全其评价体系和监督机制

重视和加强高校体育文化建设，不再是“说起来重要，忙起来不要，做起来次要”的行动口号，而是将高校体育文化建设提到学校办公议事日程上来，制定健全切实可行的相关制度、科学合理的评价体系和行之有效的监督机制以及奖评等激励机制，保证各项制度有效落实。

相关制度如《高校体育文化节制度》中所包含大学生体育文化知识竞赛、全校教职工和学生大型广播体操或太极拳等比赛、田径运动会、由体育院系或体育部协助工会落实院系一院一品牌体育赛事活动（高校休闲娱乐运动会、球类比赛、越野赛、拔河赛等）《教职工课间操制度》和《教职工每周一次体育锻炼活动制度》《高校大学生课外体育活动制度》《大学生早操制度》《体育教师指导二级院系开展体育活动制度》《扶持学生体育社团制度》《学校运动队训练管理办法》《学校体育场馆对学生免费或半价管理方法》《学校体育锻炼健身减肥咨询中心》等。其活动内容除规定部分外，其他活动内容应调研落实，保障活动时间、地点，尽力满足场地器材等多元化的合理需求。

（二）不断完善人才培养方案，为高校体育文化建设提供平台

在人的一生中，需要学习和掌握的知识和能力非常多，不可能把它们全部以课程的形式设计，但是，体育与健康课程就不一样，它是任何人生存生活、成长和发展的基础和先决条件，没有它作为保障，人所从事一切活动几乎没有意义。因此，在人才培养方案的通识课程中除必修体育与健康课程外，还要设计 2+ 门体育文化选修课，使大学生在校期间至少选修 1 ～ 2 门体育文化课程，获得至少 1 ～ 2 个学分方能毕业。其目的是提升大学生体育文化综合素养，补偿体育实践课中体育文化传授的缺失，深刻领会和把握体育的本质及其深远的历史和现实作用，尤其是后工业时期，由于生产方式和生活方式的巨大改变，造成人们体质健康状况持续下滑，当代大学生有责任、有义务学习和掌握体育文化知识，传承和发扬体育精神文化，养成健康的生活方式。

第二节　高校体育知识管理

体育知识是对体育信息采用归纳、演绎、比较等手段进行数据挖掘，使得有价值的部分凸显出来，并与已知的体育知识相结合得到的结构化的信息。高校体育科研中，面临着大量的体育数据，传统的体育知识管理技术已逐渐不适应时代的要求，各种网络信息技术被应用到了体育知识管理当中。

一、利用数字技术进行体育知识管理

数字技术与以音视频为代表的多媒体信息领域结合以来，数字媒体经历了诞生、成长与渗透性普及的发展阶段，时至今日，数字媒体已经在技术、教育、信息等诸多不同层面，成为互联网时代的重要基础与载体，成为人类未来信息社会不可或缺也无可替代的柱石之一。

从简单意义上的借助数字技术、提升音视频多媒体信息的通信效率和传输效果出发，数字媒体技术在今天的内涵与范畴均发生了翻天覆地的变化。毋庸置疑，数字图像处理、数字视频压缩等具有基础性的数字媒体技术领域，在今天仍然是这一技术体系的重要基石。而近年来随着宽带通信网络和移动互联网的迅速发展，流媒体、移动多媒体、大数据、智能媒体、虚拟现实等技术领域正在实现着与传统意义上的数字媒体技术领域的实质性融合，使得数字媒体成为当前信息技术领域内最具成长活力的体系之一。

在数字化前期由数字信息技术所奠定的高速化、标准化、互动化的技术特性基础之上，数字媒体技术一直在经历着边界的扩展和性能的提升。持续演进的数字信息编码与信息处理技术，为越来越高清化、高品质化的数字音视频内容的存储、处理、传输和应用创造着越来越高的效率。同时，逐渐延伸，最终将遍布全球，渗透到人们生活的各个角落的互联网、宽带互联网、移动互联网乃至实现万物互联的智慧物联网络，为数字媒体搭建了越来越广阔的舞台，且使得数字媒体在互动性、智能性和以人为本的属性与特质上实现着越来越迅速的提升。数字技术对于人类的信息传播方式而言，已不再是最初的为提升信息传播效果与效率、应对模拟技术劣势而被采用的一种技术途径，其所缔造的大写的“数字媒体”，已成为人类信息传播创新，亦即新媒体发展历史进程中的一个壮阔时代的本名。在数字媒体前行的轨道之上，不同学科领域、不同知识架构的融合，正在无可避免地发生，而这种融合也将使得数字媒体较以往的诸多信息传播方式创新而言，具有更加显著而可持续的活力，也更将引发数字媒体在未来发生更多的奇迹。今天的和未来的数字媒体，均将以一种不可扭转的趋势，实现科学、技术、信息、教育、艺术、人文、产业等不同层面之间的融合，灵感即理性，创意即创新，演进即永恒。

二、利用“互联网 +”进行体育知识管理

“互联网 +”是在近几年才正式提出的概念，但是因为其提出的及时性和对社会发展产生的巨大作用，在社会各界迅速传播开来。“互联网 +”指的是，将互联网信息技术和各行各业的发展模式相互进行创新融合，在人与人之间、人与物之间尽可能地消除信息的不对称和信息的延时的一种发展模式。

“互联网 +”的世界以下几个基本特征。

首先，大数据的大范围使用。

其次，线上虚拟空间和线下社会空间深度融合。

最后，数字一体化、智能基础设施建设，逐步走向完善。

“互联网 +”教育模式也早已进入高校的大门，对改革高校的教育模式、建设创新型的人才培养平台起到了重要的作用。这些作用主要表现在以下几个方面。

丰富了高校体育专业的教学资源。在以往，由于高校统一化和课时的有限，学生只能跟随眼前的教育资源来进行学习，学习方式也比较刻板。但是随着互联网的发展，学生能够接触到更多更好的教育资源，比方说一流运动教练的可重复播放的运动技巧的讲解视频等。这些资源不仅能够开阔学生的眼界，让学生更能体会到体育运动的美妙，还能够

让学生认清自己水平的程度，养成谦逊的学习习惯。

以往的教学中，学生进行训练的时间和条件相对有限，大多是教师在课堂上进行讲解。但是“互联网+”的加入能够让学生从感性和理性的角度全方位地打开自己的感官。

在近几年，由于互联网和无线网络的全面普及，智能设备已经到了人人拥有的地步，这就使得学生随时随地进行各种体育运动学习变得更加方便，突破了有限的课堂教学范围。

第三节　高校体育文化节策划与建设

文化是人类社会文明的重要标志，它在特定社会形态下产生，是对人们生活方式、复杂历史经验的一种概括与提炼。因此，我国各大高校要积极举办体育文化节活动，这也是高校进行体育文化发展的重要途径。

一、方案制订

高校体育文化节的内容是十分丰富的，既有传统的体育项目，又有新兴的运动项目；既有竞技活动，又有健身性活动、娱乐性项目等。首先由学校领导确定一个基本方向，拟定一个基本框架，承办部门根据学校领导拟定的框架制订具体的活动实施方案。

二、制订活动规程

体育节的活动规程主要内容如下。

（1）明确活动具体的时间、地点、主办单位、参加选手。

（2）根据体育节的性质、规模与参加者的实际水平情况来设置比赛项目。

（3）通过学校的报纸、公众号、电台等进行充分的宣传。

三、组织实施

组织实施是高校体育文化节活动中最重要的步骤，要想策划的方案能够落实并取得满意的效果，就要认真、严谨地组织实施。各相关部门要相互配合、协调一致，在整体实施过程中作为一个有机体发挥作用，为体育节的成功举办尽最大的力量。此外，还要尽量调整好参与者的各种活动，并做好安全防护措施，以使体育文化节可以顺利进行。

第四节　大学生体育文化素养的培养

体育教育是素质教育当中不可或缺和无法替代的重要组成部分，而且凭借自身独特的内容、方法以及途径贯穿于人的综合发展的全过程。大量的研究实践表明，体育运动能够极大地促进人的情绪以及心理的健康发展，能够有效地调整人的情感结构，使其变得更加丰富和完善，这是一种善的引导。它用一种无声的力量和春风化雨般的柔情渗透人的情感、心理等多个领域，这对于推动人的德智体美劳全面和谐进步有着关键以及特殊的价值。

一、培养大学生体育文化素养的方法

（一）培养大学生体育文化意识的价值

体育文化素养就是以个体的先天生理条件为前提，在社会环境与体育环境的影响下，个体形成的体育素质，这种体育素质具有相对的稳定性。体育文化素养主要由体育知识、体育行为、体育意识、体育技能、体育个性、体育品德等构成。健康中国背景下，培养大学生体育文化意识具有非常重要的价值。

（二）教师要积极鼓励与引导学生

（1）教师应及时教学和指导，即利用教师的经验、方法、学习策略和其他积累，鼓励学生积极面对在体育运动中遇到的问题，并根据学生的需要及时提供指导，以解决问题和困难并实现进一步改进。

（2）教师必须不断学习教育的基本理论和规律，特别是学生身心发展的基本规律，掌握学生的发展阶段和个人差异。教师还需要尽可能地去激发学生的学习兴趣，增强学生学习体育的内部动机。

（3）教师应研究和理解影响学生教学的因素，充分发挥学生在教学中的积极作用。因此，教师不仅应该研究一群学生的特点，还应该研究学生的个人特点。教师不仅需要研究学生的行为，还需要研究学生的心理特征。

（4）教师还应学习现代教育技术，以及适应信息技术新课程的能力。基础教育课程改革是一波音乐教师的信息洗礼，使教师能够在最新的教育技术平台上创建教学内容、教学方法和课程改革，与信息技术集成。改革和开发新课程，提高教师素质，提高教育质量和教师专业精神。

二、培养大学生体育文化素养的意义

（一）可以培养学生合作的精神

在教学过程中，我们经常看到一些学生由于内向而不善于交流，大多数运动都是作为集体活动进行的。学生可以在这个项目中学习集体意识。学生可以互相帮助，共同解决问题，并感受到集体责任感。学生不仅要发展团队合作的观念，培养团结、友谊和合作的精神，还要发展纪律观念，掌握团队合作的方法。如篮球、足球、健美操等运动，他们必须协调合作。我们经常在体育竞赛中看到学生们互相照顾、协调配合。

（二）可以锻炼学生的意志

体育训练的难度一般人很难理解，很多动作和技巧都需要长期提高。当许多学生学习一项运动时，他们的动作质量并不高。每个动作都必须重复数百甚至数千次，这需要学生们忍受艰苦并且需要有耐心。

（三）有利于增强受教育者的社会竞争力

高校学生接受教育的最终目的是走入社会进行相关的职业工作和社会建设。由此可见，每一个高校大学生在校学习期间，都必须要不断提高个人的综合能力，这样才能够增强自身未来的就业竞争力，提高自身的社会适应能力。从现阶段社会对于人才的需求缺口来看，由于人们生活条件的改善，越来越多的人对于运动有了更高层次的追求，体育文化产业发展迅猛，所以体育方面人才的市场需求较大。这样的人才需求市场导向也意味着高校学生不能仅仅注重专业技能的培养，还要注重锻炼个人体质。高校在开展教学工作的时候，要全面提高学生的综合能力，进一步促进学生社会竞争力的提高。

（四）有利于提升我国高等教育的整体水平

自改革开放以来，我国高等教育偏重对各领域专业人才的培养和输出。其根本原因在于改革开放初期，我国缺乏各行各业的社会建设人才，需要快速进行各类专业人才的培养，尤其偏重理工科人才的培养，以完成社会基础设施的建设。但是随着我国发展水平的不断提高，我国社会已经进入了更高层次的发展阶段，这也意味着我国的教育方向必须要进行适当的调整。很显然，在初中阶段和高中阶段，学生能够学习的科目是相对有限的，并且每一个学生都必须通过文化课的考核才能升学，所以初高中阶段文化课的教学安排占比较大。进入高校以后，学生的时间更加充裕，而且对于体育，高校有更加充裕的资源和更加开放的环境来进行教学，可运用这样的优势条件，对学生进行体育文化教育，进一步促进我国教育改革工作的稳步推进，提升我国高等教育的整体水平。

第六章

高校体育资源管理研究

高校体育经费、场馆设施、师资等资源是学生在学校接受正常的体育教育的基础与保障。因此,高校应该重视体育经费管理,合理控制收支;加强对各个体育场馆及器材的管理,减少损耗,提高使用率,增加经济效益;加强对体育师资的管理,增强团队实力,提高整体教学质量。加强体育管理部门与有关部门的协调配合,优化整合高校管理资源,追求投入的最小化和产出的最大化,使高校体育课程教学朝着有序、健康的方向可持续性地发展,为国家和社会培养出更多的合格人才。

第一章 高校体育经费管理

一、高校体育经费的来源与预算

(一)高校体育经费的收入渠道

高校体育经费管理是一项十分重要的工作,它关系到学生的体育教育是否能够正常进行。高校体育经费管理主要分为收入与支出两大部分。其中,高校体育经费的来源主要有四种渠道,具体如图 6-1 所示。

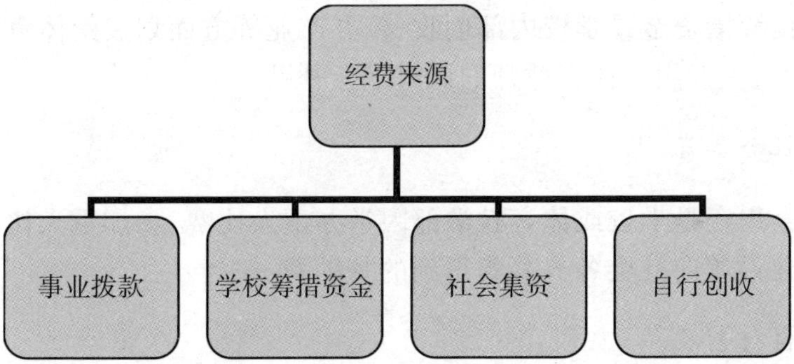

图 6-1 高校体育经费的来源

1. 事业拨款

事业拨款就是指各个高校收到的来自教育行政部门的经费。这笔教育事业经费是教育行政部门根据学校学生的人数下拨的。这笔经费按照一定的比例进行分配,其中用于体育的部分主要包括以下三个方面,具体如图 6-2 所示。

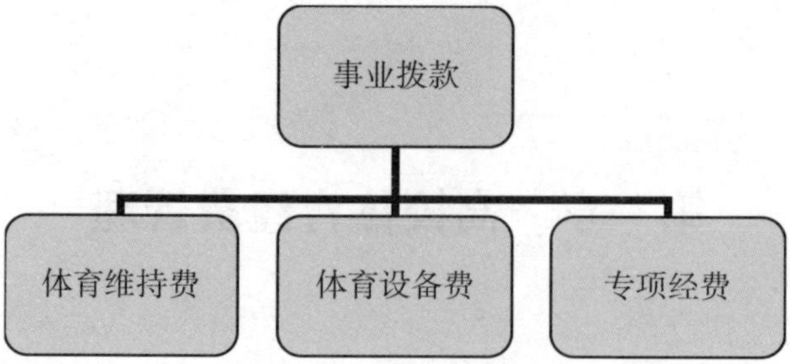

图 6-2　用于体育的拨款

（1）体育维持费主要是用于维持正常学校体育工作开展，包括体育场馆的维护、体育器材的修理、体育相关图书资料的添置等。

（2）体育设备费主要是用于高校购置大型的体育设备。

（3）专项经费主要是用于高校羽毛球馆、游泳馆、篮球馆等体育场馆的修建。

2. 学校筹措资金

学校筹措资金是学校内部创收、校办产业等方面划拨给体育教师的奖福经费，一般用于体育教师的课时酬金补贴。

3. 社会集资

社会集资是学校或体育教学部因举办重大比赛、参加重大比赛和体育场馆建设等向社会各界募集得到的赞助费。

4. 自行创收

和其他学科相比，体育科目具有自身的特殊性，学校可以充分利用现有的体育资源，通过合法的手段向社会提供有偿服务，或进行招商引资等，从而获得一定的收入。

比如，学校可以利用体育场馆、器材、师资等成立俱乐部、开馆办班、组织商业比赛等。

（二）学校体育经费的支出内容

高校体育经费的支出主要有六个方面，具体如图 6-3 所示。

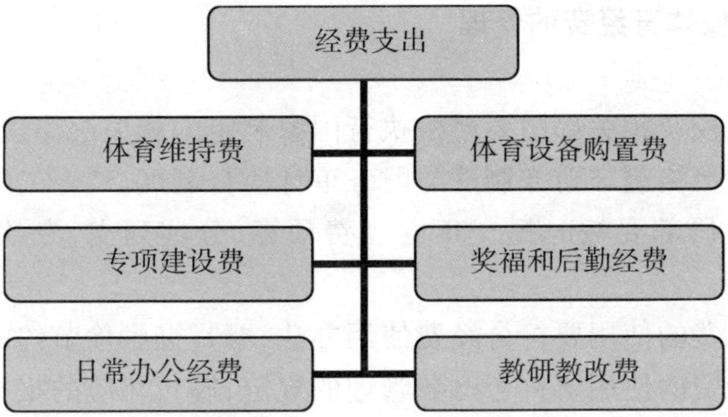

图 6–3　体育经费支出

体育维持费、体育设备购置费和专项建设费在前文已经提到，此处不再赘述，这里主要介绍一下奖福和后勤经费、日常办公经费以及教研教改经费。

（1）奖福和后勤经费：奖福和后勤经费是主要用于体育教师和行政后勤人员的费用。

（2）日常办公经费：日常办公经费用于体育管理机构日常办公消耗，包括办公用品费、电话费、差旅费和业务往来费。

（3）教研教改经费。

在高校的体育教育中，教师的教学理念对于学生的学习态度、学习模式以及学习效果有着重大的影响。在近些年的高校体育教学中，我们常常会发现有些教师在教学上十分用心，甚至刻苦，但是在教学理念上却十分陈旧。这就导致他们的教学效果往往不理想，和学生之间的关系也未能十分融洽，大大影响了教学的效果。由此看来，教师在教学过程中能够不断与时俱进更新自己的教学理念是非常重要的。此外，随着时代的发展，体育教育教学也随之不断发生改革，因此，体育教师也需要不断研究与学习。想要做到这些点往往要花费巨大的人力物力，还要经常为教师组织各种学习进修的课程，这就需要体育教研教改经费作为保证。此外，出席各级体育科研研讨（报告）会议、聘请专家学者作专题报告、邀请有关专家作科研成果鉴定等，这些经费应该列到年度预算中。

二、高校体育经费的管理

（1）学校及相关部门要严格执行国家制定的相关法律法规。

（2）要严格遵守财务制度与财务审计监督制度。

（3）教研部要按时提交年度经费预算，分项列支，专款专用，按年结算。

（4）经费的使用要符合经费使用办法，要贯彻勤俭节约的原则。

（5）经费的使用要符合财务管理的规定，履行相应的报批手续。

第二节　高校体育场馆设施管理

一、高校体育场馆设施概况

各大高校的体育场馆、体育器材是维持体育课程及体育活动正常进行的物质保障。高校体育场馆及各项体育设施器材的配备主要分为两类，一类是基本配备类，另一类是发展配备类，具体如图 6-4 所示。

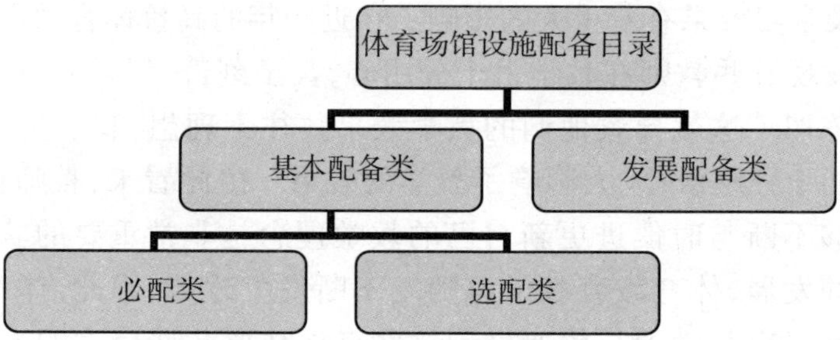

图 6-4　体育场馆设施配备目录

二、高校体育场馆设施的配备情况

（一）高校体育场馆设施（10000 人及以下规模）

1. 室外场地设施

（1）基本配备类（生均 4.7 平方米）

必配类：

①标准田径场 1 块；

图 6–5　苏州科技大学田径场

②标准游泳池 1 个；

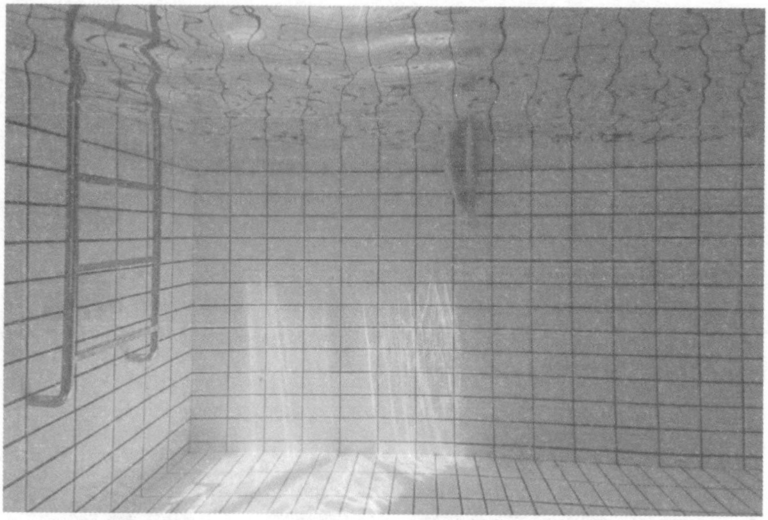

图 6–6　游泳池

图 6–7　大学游泳馆

③篮球场、排球场、网球场共 35 块以上；

图 6-8　学校篮球馆

图 6-9　学校排球馆

图 6-10 武汉大学游泳池和网球场

④健身器械区若干。

选配类：

结合学校的人力、财力及学生的兴趣、爱好选择其他设施内容。

基本要求：

① 400 米标准塑胶田径场；

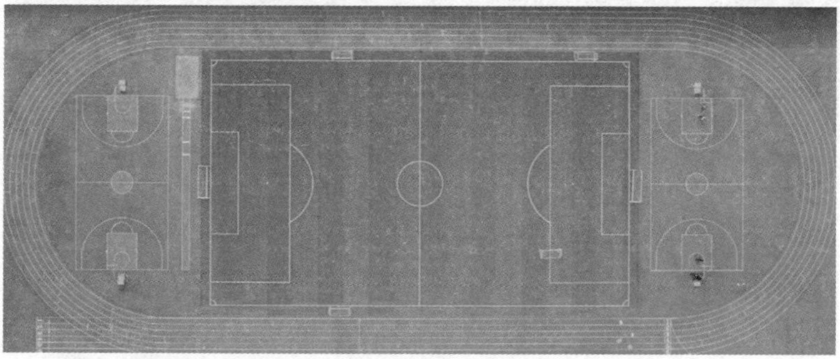

图 6-11 田径场

②25 米或 50 米标准室外游泳池，具有一套完整的供学生更衣、冲洗的设施；

图 6-12 换衣室

③篮球场、排球场、网球场全部进行硬化或绿化。

（2）发展类（生均 5.6 平方米）

①体操、武术、散打、健身器械区若干；

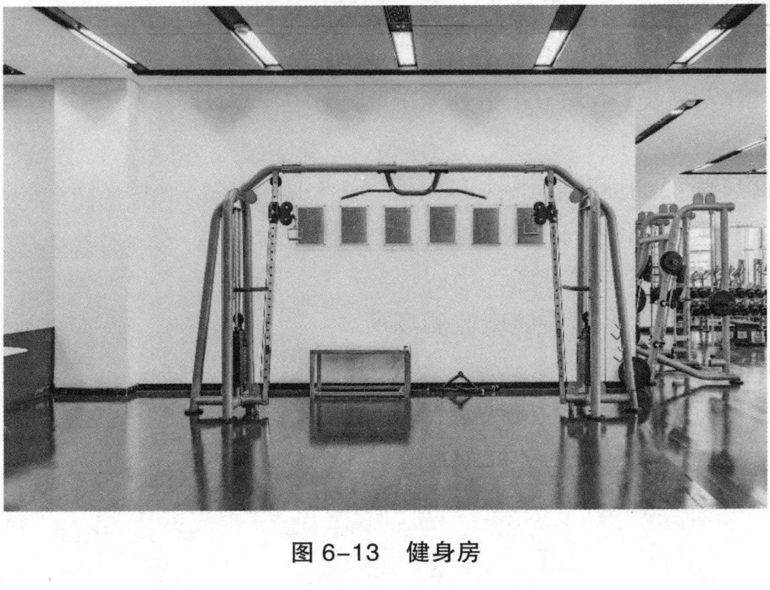

图 6-13 健身房

②野外活动基地 1 处；
③按学校传统和资源条件自主选择发展类项目。
基本要求：
① 400 米塑胶田径场 1 块；
②配置更衣室等设施的游泳池；
③篮球场、排球场；
④网球场地至少 1 块为塑胶地面；
⑤其他项目的设施配置符合项目活动的基本要求。

2. 室内场地设施

（1）基本配备类（生均 0.3 平方米）
必配类：
①风雨操场 1 个；
②健身房（室内活动用房）面积若干；
③固定的学生体质健康监测场所。
选配类：
①乒乓球（羽毛球）室 1 个；
②多功能综合健身房 1 个。
基本要求：
①地面为平整土质；
②各专项用房地面均为木质或塑胶；
③通风和采光良好。
（2）发展类（生均 0.4 平方米）
①体育馆 1 座；
②风雨操场面积若干；
③乒乓球（羽毛球）室 1 个；
④多功能综合健身房 1 个；
⑤固定的学生体质健康监测场所。
基本要求：
①体育馆地面为木质或塑胶；
②风雨操场地面为塑胶或沥青；
③其他室内运动场地地面均应满足该项运动的要求。

(二)高校体育场馆设施(10000 ~ 20000 人规模)

1. 室外场地设施

(1)基本配备类(生均 4.7 平方米)
必配类:
① 400 米田径场(内含足球场)2 个;
② 25 米 ×50 米标准室外游泳池 1 个;
③篮球场、排球场、网球场 60 块以上;
④武术、健身器械区若干。
选配类:
结合学校的人力、财力及学生的兴趣、爱好选择其他设施内容。
基本要求:
① 400 米塑胶田径场 2 块;
②天然草皮或人工草皮足球场 2 块;
③带有冲洗设施的游泳池;
④篮球场、排球场、网球场;
⑤网球场地 50% 塑胶;
⑥其他设施符合某项目活动的相应条件。
(2)发展类(生均 5.6 平方米)
① 400 米标准田径场 3~4 块;
②足球场地 3~4 块;
③攀岩场地 2 块;
④棒球(垒球)场地 2 块;
⑤民族传统项目活动区若干。
基本要求:
① 400 米塑胶田径场 3 块;
②足球场 3 个;
③篮球场、排球场;
④网球场地 70% 以上为塑胶地面;
⑤ 25 米 ×50 米室外标准游泳池,配置更衣室、冲洗房等完整设施;
⑥其他项目的设施配置符合项目活动的基本要求。

2. 室内场地设施

（1）基本配备类（生均 0.3 平方米）

必配类：

①综合多功能体育馆 1 座；

② 50 米室内游泳馆 1 座；

③风雨操场 1 个；

④固定的学生体质健康监测场所。

选配类：

①跆拳道室（健美操房）1 个；

②乒乓球房（羽毛球房）1 个。

基本要求：

①体育馆座席不少于 3000 座；

②游泳馆座席不少于 600 个；

③各专项用房地面均为木质或塑胶。

（2）发展类（生均 0.4 平方米）

①多功能综合体育馆 1 座；

②风雨操场 2 个；

③乒乓球、羽毛球室内房 1 个；

④ 50 米游泳馆 1 座；

⑤手球场地 1 个（可与篮球场地共用）；

⑥拳击、防身术、形体场地 1 处；

⑦壁球室 4 处；

⑧固定的学生体质健康监测场所。

基本要求：

①不少于 4000 座席的综合体育馆；

②座席不少于 600 个的标准游泳馆；

③其他室内运动场地地面均应满足该项运动的要求。

（三）高校体育场馆设施（20000人及以上规模）

1. 室外场地设施

（1）基本配备类（生均4.7平方米）
必配类：
① 400米田径场4个；
②篮球场、排球场、网球场80个；
③ 25米 ×50米室外游泳池2个；
④武术、健身器械区若干。
选配类：
结合学校的人力、财力及学生的兴趣、爱好选择其他设施内容。
基本要求：
① 400米塑胶田径场4个；
②天然草皮或人工草皮足球场4块；
③带有冲洗设施的游泳池；
④篮球场、排球场90%硬化；
⑤网球场地80%塑胶；
⑥其他设施符合某项目活动的相应条件。
（2）发展类（生均5.6平方米）
①体操、武术、散打、健身器械区若干；
②民族传统项目活动区若干。
基本要求：
① 400米塑胶田径场；
②天然草皮或人工草皮足球场；
③篮球场、排球场、网球场；
④标准游泳池；
⑤其他项目的设施配置符合项目活动的基本要求。

2. 室内场地设施

（1）基本配备类（生均 0.3 平方米）
①多功能综合体育馆 1 座；
② 50 米室内游泳馆 1 座；
③风雨操场 2 个；
④室内单项运动场地若干；
⑤固定的学生体质健康监测场所。
基本要求：
①体育馆座席不少于 4000 个；
②游泳馆座席不少于 600 个；
③各专项用房地面均为木质或塑胶。
（2）发展类
①多功能综合体育馆 2 个；
②风雨操场 3 个；
③固定的学生体质健康监测场所。
基本要求：
①综合体育馆（座席不少于 5000 个）；
②风雨操场面积不少于 2000 平方米；
③每个综合健身房不少于 300 平方米；
④其他设施标准同前。

图 6–14　学生在操场跑步

图 6-15　学生在操场训练

图 6-16　学生在操场军训

图 6-17 上海视觉艺术学院操场跑道

图 6-18 集美大学体育场

三、普通高校体育场地基本要求及体育器材配备目录

(一)《学生体质健康标准》测试器材

《学生体质健康标准》测试器材组合配备目录,如表 6-1 所示。

表 6-1 《学生体质健康标准》测试器材组合配备目录

序号	仪器名称
1	身高仪
2	体重仪
3	肺活量计
4	台阶实验仪器
5	握力计
6	仰卧起坐测试仪
7	立定跳远测试仪
8	坐位体前屈测试仪
9	50 米跑测试仪

图 6-19 计时器(1)

图 6-20　计时器(2)

图 6-21　秒表(1)

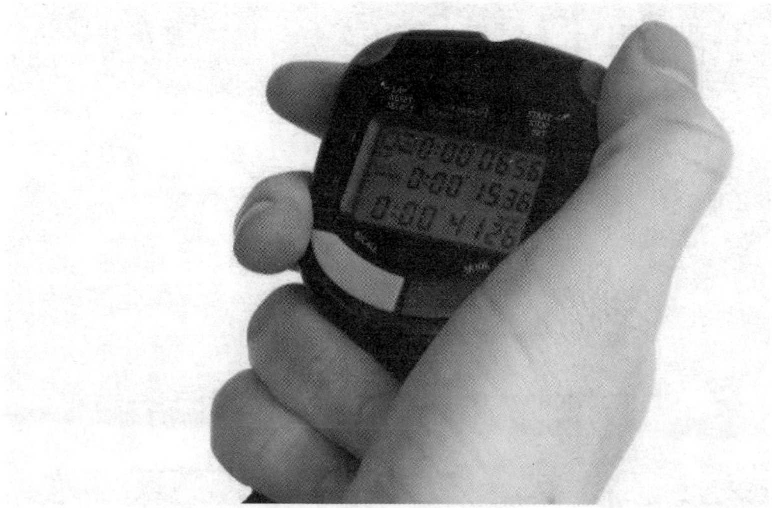

图 6-22 秒表(2)

图 6-23 起跑器(1)

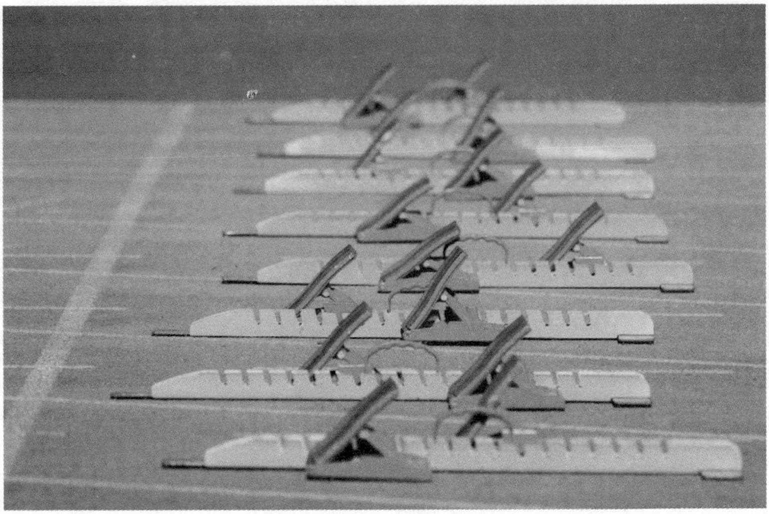

图 6-24 起跑器（2）

（二）田径

田径器材配备目录如表 6-2 所示。

表 6-2 田径器材配备目录

序号	器材名称
1	计时器
2	发令枪
3	发令台
4	起跑器
5	风向标
6	风速仪
7	道次盒
8	终点信号铃
9	终点记圈显示牌
10	扩音器
11	标枪、铁饼铅球角度线
12	钢卷米尺

续表

序号	器材名称
13	皮尺
14	钉字木
15	标志木、胶带
16	停止墩 起跳踏板标牌
17	马扎
18	镁粉盒
19	撑竿跳高丈量尺
20	撑竿跳高横杆撑架
21	跳高丈量尺
22	标枪、铁饼远度显示牌
23	高度显示牌
24	跨栏架
25	栏架高度丈量尺
26	运栏架推车
27	抢道旗 抢道标志块
28	A.B 两组起跑隔离墩
29	竞走犯规记录卡 竞走犯规警告牌
30	检录公告牌 成绩公告牌
31	跳高架、撑竿跳高架
32	3000 米障碍架
33	跳高海绵垫子、撑竿跳高海绵垫子
34	铁饼护笼
35	信号旗
36	计时裁判台、终点裁判台

（三）篮球

篮球器材配备目录如表 6-3 所示。

表 6-3　篮球器材配备目录

序号	器材名称
1	篮球架
2	篮板
3	篮圈
4	篮网
5	计时钟
6	计时秒表
7	24 秒钟装置
8	30 秒钟装置
9	电子显示屏
10	记录板
11	信号器
12	队员犯规牌
13	全队犯规标志

图 6-25　篮球

图 6-26　篮球框

图 6-27　篮球场(1)

图 6-28　篮球场（2）

（四）足球

足球器材配备目录如表 6-4 所示。

表 6-4　足球器材配备目录

序号	器材名称
1	球门
2	球网
3	角旗
4	换人牌
5	计时表
6	手旗
7	电子显示屏

图 6–29　足球

图 6–30　足球网

图 6-31 足球场

图 6-32 深圳大学足球场

（五）排球（软式排球）

排球器材配备目录如表 6-5 所示。

表 6-5　排球器材配备目录

序号	器材名称
1	网柱
2	球网
3	标志带
4	标志杆
5	裁判台
6	丈量杆
7	换人牌
8	气压表
9	钢丝绳

图 6-33　排球

图 6-34　打排球

图 6-35　上海视觉艺术学院排球场

(六)沙滩排球

沙滩排球器材配备目录如表 6-6 所示。

表 6-6　沙滩排球器材配备目录

序号	器材名称
1	网柱
2	球网
3	标志带
4	标志杆
5	裁判台
6	丈量杆
7	司线旗
8	换人牌
9	钢丝绳
10	记分牌

（七）乒乓球

乒乓球器材配备目录如表 6-7 所示。

表 6-7 乒乓球器材配备目录

序号	器材名称
1	球台
2	球网
3	裁判台
4	记分牌
5	挡板
6	记录台

图 6-36 乒乓球

图 6-37　乒乓球馆

（八）羽毛球

羽毛球器材配备目录如表 6-8 所示。

表 6-8　羽毛球器材配备目录

序号	器材名称
1	网柱
2	球网
3	钢丝
4	裁判员座椅
5	发球裁判椅
6	司线裁判椅
7	暂停标志
8	量网尺

图 6-38　学校羽毛球馆

图 6-39　室内羽毛球场地

图 6-40　羽毛球

（九）网球

网球器材配备目录如表 6-9 所示。

表 6-9　网球器材配备目录

序号	器材名称
1	网柱
2	球网
3	裁判台
4	底线裁判椅
5	发球裁判椅
6	运动员座椅、衣筐
7	记录板

图 6-41　打网球

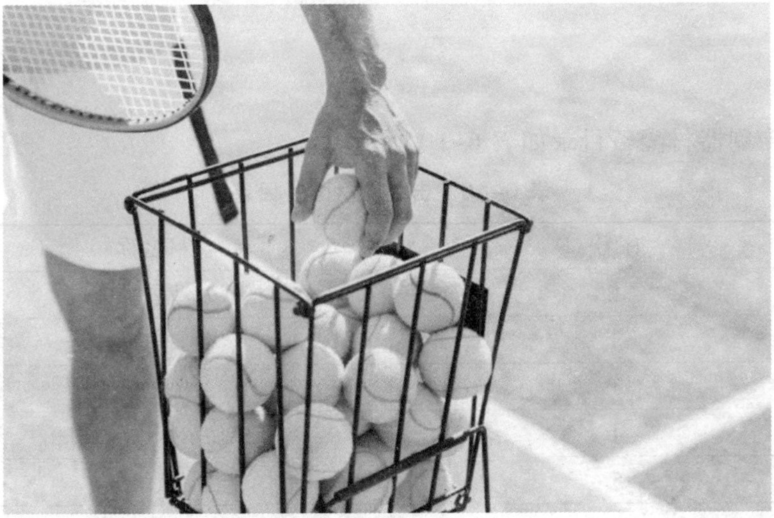

图 6-42　网球

图 6-43　网球拍

（十）击剑

击剑器材配备目录如表 6-10 所示。

表 6-10　击剑器材配备目录

序号	器材名称
1	拖线盘或悬挂拖线
2	附属电缆
3	身上电线
4	外接显示灯（指示灯）
5	电源接线板
6	六角扳手
7	小螺丝刀
8	双音哨
9	秒表
10	袖标号码
11	大黑板（白板）

续表

序号	器材名称
12	佩剑抽签牌
13	互中指示牌
14	团体比分牌
15	计算机
16	打印机
17	面罩

（十一）自行车

（1）场地自行车器材配备目录如表 6-11 所示。

表 6-11　场地自行车器材配备目录

序号	器材名称
1	场地自行车
2	计时秒表
3	记圈牌
4	铃铛
5	发令枪
6	烟屏
7	记录台
8	出发旗
9	小红旗

（2）公路自行车器材配备目录如表 6-12 所示。

表 6-12　公路自行车器材配备目录

序号	器材名称
1	公路自行车
2	记录台
3	计时秒表
4	记圈牌

续表

序号	器材名称
5	铃铛
6	发令枪
7	烟屏
8	小红旗
9	出发旗

（3）山地自行车器材配备目录如表 6-13、表 6-14 所示。

表 6-13　山地自行车器材配备目录

序号	器材名称
1	山地自行车
2	开道车
3	计时秒表
4	摩托车
5	对讲机
6	发令枪
7	雨衣
8	最后一公里标志
9	出发旗

表 6-14　山地自行车器材配备目录（简易）

序号	器材名称
1	山地自行车
2	标志牌
3	计时秒表
4	最后一公里标志
5	对讲机
6	发令枪

图 6-44　骑自行车运动

（十二）水球

水球器材配备目录如表 6-15 所示。

表 6-15　水球器材配备目录

序号	器材名称
1	球门
2	球门网
3	旗

图 6-45　水球

（十三）帆板

帆板器材配备目录如表 6-16 所示。

表 6-16　帆板器材配备目录

序号	器材名称
1	帆板
2	救生衣
3	摩托艇

（十四）垒球

垒球器材配备目录如表 6-17 所示。

表 6-17　垒球器材配备目录

序号	器材名称
1	本垒板
2	投手板
3	垒包
4	手套
5	球棒
6	护具
7	记分牌

图 6-46　垒球（1）

图 6-47　垒球(2)

(十五)跳水

跳水器材配备目录如表 6-18 所示。

表 6-18　跳水器材配备目录

序号	器材名称
1	跳水板
2	跳台
3	厚海绵垫(或海绵坑)
4	安全保护设备

图 6-48　跳水板

图 6-49 跳水

（十六）健美操

健美操器材配备目录如表 6-19 所示。

表 6-19 健美操器材配备目录

序号	器材名称
1	竞技健美操地板
2	裁判台
3	运动员座席
4	广播设备

（十七）举重

举重器材配备目录如表 6-20 所示。

表 6-20 举重器材配备目录

序号	器材名称
1	横杠
2	卡箍
3	杠铃片

续表

序号	器材名称
4	电子磅秤
5	电子计时器
6	试举显示牌
7	烟屏
8	后场成绩公布牌
9	深蹲架
10	杠铃片搁架
11	海绵垫
12	镁粉盒

图 6-50 杠铃

(十八)龙舟

龙舟器材配备目录如表 6-21 所示。

表 6-21 龙舟器材配备目录

序号	器材名称
1	舟艇、桨、小型龙舟
2	鼓具
3	旗

（十九）定向越野

定向越野器材配备目录如表 6-22 所示。

表 6-22 定向越野器材配备目录

序号	器材名称
1	指南针
2	检查卡片
3	地图
4	检查点标志
5	计时器
6	打卡器

（二十）健美器械

健美器械器材配备目录如表 6-23 所示。

表 6-23 健美器械器材配备目录

序号	器材名称
1	地毯
2	综合训练器
3	磅秤
4	广播音响
5	裁判台
6	小型台灯

（二十一）棒球

棒球器材配备目录如表6-24所示。

表6-24 棒球器材配备目录

序号	器材名称
1	本垒板
2	投手板
3	垒包
4	手套
5	球棒
6	护具
7	松香粉、镁粉
8	记分牌

图6-51 棒球（1）

图 6-52 棒球(2)

图 6-53 棒球场

(二十二)手球

手球器材配备目录如表 6-25 所示。

表 6-25　手球器材配备目录

序号	器材名称
1	球门
2	记录台
3	记分牌
4	计时钟

（二十三）毽球

毽球器材配备目录如表 6-26 所示。

表 6-26　毽球器材配备目录

序号	器材名称
1	球柱
2	球网
3	裁判台
4	记分牌
5	标志带
6	标志杆
7	司线旗
8	计时表

（二十四）散手

散手器材配备目录如表 6-27 所示。

表 6-27　散手器材配备目录

序号	器材名称
1	护头
2	护齿
3	护胸
4	护裆
5	护腿

续表

序号	器材名称
6	护脚背
7	拳套
8	腿靶
9	踹靶
10	手靶
11	绷带
12	沙包
13	沙人

（二十五）武术

武术器材配备目录如表 6–28 所示。

表 6–28　武术器材配备目录

序号	器材名称
1	刀
2	剑
3	棍
4	枪
5	显示牌
6	计算机
7	兵器架

（二十六）游泳

游泳器材配备目录如表 6–29 所示。

表 6–29　游泳器材配备目录

序号	器材名称
1	固定分道线
2	仰泳转身标志线

续表

序号	器材名称
3	召回线
4	仰泳转身标志杆和召回杆
5	发令台
6	发令枪
7	烟屏
8	口哨
9	秒表
10	长距离报趟牌
11	铃铛
12	夹板
13	自动计时装置
14	成绩公告板
15	溢水槽及池外走道
16	出发台
17	配套设施
18	空气调节器

图 6–54　游泳

（二十七）曲棍球

曲棍球器材配备目录如表 6–30 所示。

表 6–30 曲棍球器材配备目录

序号	器材名称
1	球门
2	球棍
3	秒表
4	记分牌
5	记录台
6	护具
7	旗杆

（二十八）软式网球

软式网球器材配备目录如表 6–31 所示。

表 6–31 软式网球器材配备目录

序号	器材名称
1	球柱
2	网
3	钢丝绳
4	裁判
5	司线椅
6	记分板

（二十九）射箭

射箭器材配备目录如表 6–32 所示。

表 6-32 射箭器材配备目录

序号	器材名称
1	发令台
2	风向旗
3	示意旗
4	灯光
5	计时牌
6	电子计时器
7	距离牌
8	轮射顺序牌
9	成绩公告牌
10	记分夹
11	环靶
12	箭靶、靶架

（三十）拳击

拳击器材配备目录如表 6-33 所示。

表 6-33 拳击器材配备目录

序号	器材名称
1	拳击台
2	拳击围绳
3	台垫
4	台阶
5	计时钟
6	铜钟
7	拳击手套
8	护具
9	秒表
10	急救药具
11	裁判台

图 6-55　拳击

（三十一）冰球

冰球器材配备目录如表 6-34 所示。

表 6-34　冰球器材配备目录

序号	器材名称
1	冰球刀鞋
2	护具
3	冰球杆
4	冰球
5	球门
6	球网
7	球场维护设备

（三十二）攀岩

攀岩器材配备目录如表 6-35 所示。

表 6-35 攀岩器材配备目录

序号	器材名称
1	安全带
2	下降器
3	安全绳索和绳套
4	安全头盔
5	镁粉和粉袋
6	绳子
7	铁索和绳套
8	岩石锥
9	岩石锤
10	岩石锲
11	装备包

（三十三）滑雪

滑雪器材配备目录如表 6-36 所示。

表 6-36 滑雪器材配备目录

序号	器材名称
1	滑雪板
2	滑雪杖
3	头盔
4	滑雪服
5	防寒帽子、手套
6	弹簧旗杆
7	雪蜡
8	旗门
9	安全网
10	方向旗
11	索道
12	风镜

（三十四）射击

射击器材配备目录如表 6-37 所示。

表 6-37　射击器材配备目录

序号	器材名称
1	靶篷
2	桌子
3	垫子
4	椅子
5	裁判椅
6	成绩板
7	屏风
8	靶
9	靶纸
10	枪支

（三十五）跆拳道

跆拳道器材配备目录如表 6-38 所示。

表 6-38　跆拳道器材配备目录

序号	器材名称
1	比赛台
2	裁判台
3	台垫
4	铜锣
5	护具
6	计时表
7	秒表

（三十六）壁球

壁球器材配备目录如表 6–39 所示。

表 6–39　壁球器材配备目录

序号	器材名称
1	球拍
2	球

（三十七）蹦床

蹦床器材配备目录如表 6–40 所示。

表 6–40　蹦床器材配备目录

序号	器材名称
1	蹦床
2	垫子
3	裁判台
4	记分板

（三十八）花样滑冰

花样滑冰器材配备目录如表 6–41 所示。

表 6–41　花样滑冰器材配备目录

序号	器材名称
1	冰刀与冰鞋
2	上冰刀与磨冰刀
3	音乐器材
4	服装

（三十九）速度滑冰

速度滑冰器械配备目录如表 6–42 所示。

表 6-42 速度滑冰器械配备目录

序号	器材名称
1	冰鞋
2	保暖服(练习服)
3	冰帽、手套
4	储水桶
5	洒水管
6	爬犁
7	长把扫帚
8	冰铲
9	点雪仪
10	常用工具

(四十)中国式摔跤

中国式摔跤器材配备目录如表 6-43 所示。

表 6-43 中国式摔跤器材配备目录

序号	器材名称
1	垫子
2	摔跤衣裤
3	摔跤鞋
4	裁判台
5	哨子
6	秒表

(四十一)赛艇

赛艇器材配备目录如表 6-44 所示。

表 6-44 赛艇器材配备目录

序号	器材名称
1	艇
2	桨
3	摩托艇
4	测功仪
5	救生衣

（四十二）舞龙

舞龙器材配备目录如表 6-45 所示。

表 6-45 舞龙器材配备目录

序号	器材名称
1	龙
2	龙珠
3	民族服装
4	龙节棍

（四十三）舞狮

舞狮器材配备目录如表 6-46 所示。

表 6-46 舞狮器材配备目录

序号	器材名称
1	组狮
2	狮被
3	师裤
4	蹄靴
5	绣球
6	锣、鼓
7	梅花桩

续表

序号	器材名称
8	滚球
9	桌子

（四十四）飞镖

飞镖器材配备目录如表 6–47 所示。

表 6–47　飞镖器材配备目录

序号	器材名称
1	靶
2	飞镖

（四十五）地掷球

地掷球器材配备目录如表 6–48 所示。

表 6–48　地掷球器材配备目录

序号	器材名称
1	小球
2	大球
3	裁判尺
4	标准尺
5	钢卷尺
6	皮卷尺
7	标位用具

第三节　高校体育师资管理

一、高校体育教师优秀品格的塑造

随着我国现代化发展进程的加快，各行各业都必须要与现代化接轨才能获得持续的发展，对于高校的体育教师来说也是如此。教育的现代化使得高校教师有时不我待的危机感，体育是一种独特的教育，对于高校体育教师来说与现代化接轨的第一步就是对自己坚实内在的培养。

（一）责任感和使命感

体育教师要对自己的职业有一种责任感和使命感，体育运动不仅关乎学生相关体育知识的获得，更加关乎学生一生的健康发展。教师对改变学生的思想，使学生对体育运动真正产生内心深处的感情要有强烈的引导意识。另外，教师还要不停地更新自己既有的知识结构，吸收各种前沿的体育观念和教学理念，并将其合理地应用到自己的教学活动当中。

（二）敬业精神

与其他职业相比，教师的职业有其特殊性。由于教师的职业生涯是项目的“铸造”，所以教师必须达到最高的专业标准。

教师首先必须清楚地理解自己的职业，具有强烈的使命感，以建立专业的信念，并进行各种社会评估，作出正确、理性的判断。

只有当教师真正热爱教育时，他们才能积极参与教学，鼓励学生继续学习、研究和创新。教育工作非常复杂，教师的工作无法通过定量方法和指标来衡量，这必然需要教师为教育而奉献。

现代社会的教师不同于传统教师。教师必须不断进步，不断超越自己，敢于创新和创造，不断探索新知识，积极探索新的教学法，传授科学知识，拓宽视野。为了获得更好的教育效果，教师必须通过持续学习和实践来逐步提高自己的教学能力。

（三）表率作用

学习对学生的健康发展起着非常重要的作用，教师的言行会间接影响学生，不仅能激发学生对真理的渴望，也能熄灭其追求理想的火花。因此，教师不应低估学生的个性、言语和行动，而应鼓励学生。教师不仅要专业教学，而且要平等对待每个学生。

“教师”的职业生涯往往取决于许多社会期望。例如，在传统社会中，教师重视知识、观念和职业道德，他们在教育的影响中发挥着重要作用。然而，在现代社会，教师的个性和教学能力更加受到重视。他们具有人格形式的道德品质，这影响着“教育”的人格。因此，优秀的教师不应过分注重知识的积累，更重要的是提高素质。

（四）锲而不舍的学术精神

教师需要具有一种锲而不舍的学术精神。对于高校体育教师来说，生活中除了教学的旋律外，学术研究也是重要的一环，这也是高校教师区别于其他阶段教师的重要特征。体育运动不仅需要实践上的传承，同样也需要学术上的深入挖掘和研究。在学术研究的过程当中，教师可以锻炼自己的才干、运动技能等，能够为教学提供丰富、生动的养料，也能带领学生拓宽自己的眼界。当然，学术研究的过程需要坐得住冷板凳，需要具备锲而不舍的精神品质才能在前人的基础上有所建树，这看似与体育所要求的活泼生动是冲突的，但实质上有一种互补，真正的冷静、严谨更能够帮人懂得生命的热情。对于高校体育教师来说，要将学术精神作为一种必要的追求。

（五）反思精神

教师需要在教学的过程中有一种反思精神，体育教学是个复杂的过程，是各种教学理念和教学实践，包括教学问题之间相互纠缠、相互成就、相互促进的一个过程。教师在教学的过程中要反思自己的教学方法选取得是否恰当、学生是否在自己的教导之下拥有学习的热情、在教学实践中学生是否发挥了自身的积极性、教学有没有在学生中产生明显的效果等，这都是一名富有创新性批判思维的教师所应该考虑到的方面。另外，教师在教学过程中不仅要自我反思，还应该将这样的批判思维带给自己的学生，以身作则，为学生树立一个谦和谨慎，愿意更新自我的好榜样。这样的教学过程才真正是教学相长的。

（六）教师的创新精神

1. 创新精神需立于科学的基础之上

创新精神要以科学精神为前提。所谓创新，在很多时候其实意味着省去了许多本不该有的程序和途径，采取一种更加直接、更加科学、更加符合实际情况的方法将事物重新组织。

在科学精神的培养上，一方面要求教师仔细地分析和掌握教学资料和教学信息，在不断的消化中去发现新的问题，为新的问题设计出创新性的解决方案，让整个教学系统在创新中趋于科学。另一方面，教师也要注意将科学性和灵活性相结合。科学性不是空中楼阁，而是在生活的肥沃土壤中生长出来的，教师要注意将生活中的体育资源和课堂教学相互联系，让学生在快乐和兴趣当中领会教学内容，创造出符合学生心理期望，因材施教的教育情境，这才能真正地体现科学性。

2. 创新精神需要开放兼容的态度

在高校体育教育中，创新是塑造学生个性的重要途径。教师就像一匹好奇的老黄牛，将自己在生活或者学术研究的过程中发现的新事物、新知识经过消化后，去芜存精，将其精髓带给自己的学生，打开学生的知识面，让学生在新奇的震撼中充分发挥自己的主动性并创造潜能。但是这一过程要注意两个方面的问题，一是所有的创新吸收都要求一个稳固的根本，教师要培养学生在不断的实践过程中学会辨析体育运动信息并从中悟出规律加以吸收。二是教师要为学生建立一个开放的平台，让学生针对学习中的问题大胆地沟通交流。教师也要随机应变，采用灵活多样的课堂教育模式，另外还要开展各种体育运动实践，让学生在实践过程中正视自己的问题、打开自己的思维。

(七)教师人才培养观念的塑造

1. 培养全面发展的体育运动人才

在高校体育教学当中,我们常常会存在一些不自知的体育教学误区。例如,我们经常会认为,只有培养出了具有高超体育运动技能的学生才是自己教学能力的一种证明。但实际上这样的培养模式容易导致一种师生之间的共谋,学生在教师这样的培养意图之下,也只热衷于专业技能的练习,将自身的价值放在体育技能方面的肯定上。

对于体育教学专业来说,纠正这样的思想误区成为教育改革的重要任务。体育教师要充分认识到体育是提高学生身体素质和运动能力的重要途径,高校体育课程开设的目的不是培养出一两个人才,而是要为培养社会主义新人做准备。另外,高校教师也要将这样的理念尽可能地传递给自己的学生,促进学生在以后的学习过程中形成正确的人生观。

2. 培养求实变革的创新态度

对于高校体育教育事业来说,在毕业之后,将会有大量的学生走上中小学体育教师的岗位。所以对于体育教学来说,也要根据中小学的体育规范和课程变化有所调整。

首先,高校体育要更新培养理念。以往的体育教学实践中,更加侧重于对单一技巧的枯燥训练,学生也容易形成因循守旧的心理定式,大大限制了学生创造力的发挥。以至于在未来一部分学生走上教学岗位之后也缺乏在实践中启发自己学生创造性思维的意识和能力。要使教育充满生机和活力,在高校体育这一环就应该大力重视学生个性的发展。

其次,高校的体育课程标准将学生在体育世界中综合知识的获取、视野的开阔作为重要的培养理念,在教学的过程中更加重视多元化的开放理念。与此对应,我们在高校体育教学中也要大力培养学生的体育修养,培养途径包括开设名师讲座、举行专业的体育文化活动以及督促学生的体育文化学习等。

最后，在高校体育中，成绩评估也是一项亟须改革的事业。从目前大多高校的情况来看，教师在评定学生成绩的时候主要还是以运动实践分数为准，这个固然重要，但是要将这一标尺作为衡量学生的唯一标尺，就会大大限制学生的创新，也并不能保证学生在未来的教学活动中拥有好的体育传达能力。所以在成绩评定考核的时候，除了学生的运动实践，也要将相关体育知识的考察、体育运动感悟和学习心得放在重要的位置，进行多方面的测评。

二、高校体育教师教学理念与课程设置理念

课堂是学校教育的阵地，教育、传授这种事情虽然早已有之，但是正式的课堂教育模式却是近代以来工业革命之后，随着现代教育的逐渐普及才大规模发展起来的，课堂才成为各类学校和平民百姓接受正式教育的主要场所。在高校的课程设置中，体育教育有着不可低估的地位。近些年来，随着我国经济的飞速发展，体育教育越来越受到人们的重视，我们慢慢意识到体育运动是强身健体、培养高素质和健全人格的重要途径。

（一）现代教学理念

首先，在现代教学中，要坚持平等民主、以人为本的治学观念。师生之间虽然有权利上的关系，但是真正的教育根本还是心灵的教育，师生之间只有坦诚相见、以人为本才能真正地沟通心灵，达到真正的教育目的。

其次，我们认为，教育不是只传授技能，而是要让学生成为一个自由而全面发展的人，当然，这是一个非常理想的观念，作为一个体育教师不可能面面俱到地控制这些，野心太大往往容易流于一盘散沙。但是，作为教师来说，要注重对学生进行全方位的启发。

最后，要在前两点的基础上重视对学生创造性理念的培养。在教学中，要启发学生做一个有着独特价值的人。

（二）课程设置理念

1. 科学性

“课程”这个词本身就有一定科学性的寓意，指的是在一定时间内，按照一定的计划对特定的人进行有目的性的培养。高校的体育课程是一个复杂的，融汇着感性和理性的教育环境，对于体育工作者来说，我们更要重视把握其中的科学性。

课程的设计要注重学生本身的差异性，不能一概而论。所以在课程设计中，我们既要有统一的规定，但同时也要根据学生不同的接受能力因材施教，这样才能激发学生对于体育运动的兴趣，将体育引到学生心灵的深处，把教育目标落到实处。

2. 多元性

高校体育课程设置的多元性首先是指课程体系的多元性。我国高校体育课程体系的设计实际上是面向全体学生的。这些学生在共同的国情培养下自然具有很大程度的相似性。但是，由于他们有个体差异，所擅长的运动各有不同。所以我们在课程设置的多元性方面要坚持创建不同类型的课程，比如棒球、排球、游泳、击剑、花样滑冰、跆拳道等，让学生有更多的选择。

3. 发展性

发展性指的是对于一门课程来说，其具有的不断成长、更新自我的能力，既是一种面向未来的特质，也是潜藏在课程哲学背后的生命力机制。对于我国体育教育的发展性而言，应该注意下几点。

第一，要增强总结归纳的能力。课程设置往往是从理想化的角度出发的，在实践的过程当中会遇到各种不同的情况，所以需要在每个时间阶段对课程的发展情况进行总结并不断改进。

第二，课程在内容上要不断进行延展，在必要的情况下大胆地将其他学科（心理学、生物学等）的知识精华引入体育当中。体育本身就是一个开放的系统，其他学科知识是取之不尽的素材。

（三）抓住教学重点，提高教学水平

高校学生体育水平参差不齐，而体育课是面向全体学生统一开课。面对这样的情况，高校应当展开问卷调查，对学生们的体育素养进行调研，把握住学生们的真正水平，由此展开有针对性的教学，在不浪费人力、物力的情况下真正提升学生们的运动水平。除教学之外，实践练习也非常重要，教师应当多开展一些活动，鼓励学生们参加，在比赛中检验学生们对体育运动知识和技能的掌握情况，根据情况制订合适的计划，从而能够有重点地在课堂上进行教学。

（四）激发学生兴趣，提高学生运动能力

兴趣是最能激发能力的一项人人皆有的天赋，教师在体育运动教学中要注重激发学生对各项运动的兴趣。体育是很具有感染力的一个学科，教师可以利用这一点，努力让学生投入运动之中。

例如，教师可以举办小型运动比赛，鼓励学生参加。对表现优异的学生给予奖励，录制优秀学生的视频，让大家进行学习探讨，找出不足，以便得到更多的进步。教师可以根据学生不同的体育兴趣进行分组，分层次进行教学，根据学习进程进行调整。这种分组方法也有利于学生保持学习兴趣，稳步提升。教师可以利用多种教具给予基础差的学生以最大帮助，课下进行辅导，以便基础差的学生能够不掉队，更好地投入体育课的学习之中。

三、高校体育教学过程中师生关系的处理

在教学中，教师往往是居于主导地位的。但是，现代的教学理论又告诉我们，学生才是教学过程中的主体。那么该如何平衡“主导”和“主体”之间的关系呢？如何建立和谐的师生关系呢？师生关系和谐，对体育教学有积极的意义，对体育教学的顺利进行和体育教学质量的提高将产生直接的影响。对此，体育教师应有充分的认识，积极建立这种和谐关系。

（一）民主平等

民主、平等、和谐的师生关系理所当然地成为众多人心目中理想的师生关系。随着教育民主化进程的推进，民主地对待学生，尊重学生的个性和人格，已成为教师的共识。建立平等和谐的师生关系，是新课程改革和教学改革的前提条件，新课程的推进要致力于建立充分体现尊重、民主和发展精神的新型师生关系，使学生学习的主动性和创造性得以充分发挥。

要建立新型的师生关系，教师应真心对待学生，关心爱护每一个学生，公平地对待学生，不能厚此薄彼，尤其是对学习成绩不理想的学生，教师要多鼓励、多关怀，相信他们的潜力，切实帮助他们，成为学生学习的促进者和服务者。新课程要求教师从知识技能的传授者转变成学生发展的促进者，由居高临下的指挥者转变成合作型的良师益友，使教学过程转变为师生共同开发课程标准的过程。

（二）教学中融入爱

在师生关系中，情感因素具有重要调节作用。正如一位教育家所说："教育之不能没有爱，犹如池塘之不能没有水，没有爱就没有教育"。一名体育教师应该具有这种爱，而且这种爱应该是广博的、无私的。对学生的爱可以产生强烈的心理效应，使学生心情舒畅，积极主动，自觉自愿地接受教师的教育，课堂上态度认真，练习时不怕累和苦，对教师充分信任和尊重，自觉参加体育锻炼，从而形成最佳的教育情境。

（三）把握教学尺度

体育教师在教学过程中要善于把握分寸，避免仅与少数或个别学生交往。因为，这种个别的、小范围的关系往往会危及体育教师的威信和集体的团结。为此，体育教师应该敞开心扉和所有学生交往，尤其对体育后进生更应多关心、多帮助、多交往，使他们信任你、喜欢你、尊敬你。进而喜欢你的课，打消他们厌恶体育课的情绪。做良师一定要先成为学生的益友，只有这样才能引导学生热爱体育课，自觉参加体育锻炼。

四、建立健全高校体育教师激励机制

高校需要建立健全对体育教师的相关激励机制。激励机制的建立是为了鼓励教师在保质保量完成本职工作之余,不断进行学习,从而提高教学的质量与水平。

(一)建立行政激励机制

一般来说,行政激励更多的是策略性激励,在实现教师个人价值方面有着重要的作用。

所谓行政激励是校方为了鼓励教师工作积极性、创造力,增强其责任心与荣誉感,而制定相关规章制度,给予贡献突出教职员工物质或者精神奖励。如何才能发挥行政激励的积极作用,要在进行行政激励时体现公平正义,使每位教师有平等机会获取奖励。行政奖励包括全校全体体育教师绩效考核,将其工作态度、工作能力、工作业绩都纳入考核范畴。行政激励是激励机制的核心组成内容,只有完善、全面、严格、公平、合理的行政激励才能实现行政激励既定目标,提升行政激励效果。

(二)建立有效工作激励机制

就教师职业特点而言,工作激励必不可少。相对于其他职业,教师更易于进入职业倦怠期,如果没有长远发展规划,教师很可能沦为一种职业工具,不仅大大影响教师工作积极性,更会使教学效果大打折扣。双因素理论指出激励因素是教师内在工作因素,其核心在于关注教学本身内容,进而提高教学效果。校方应从教师本身职业特点出发,关注教师本身工作内容。比如教师入职前培训、教师入职后发展规划,尤其是进修、培训、学术会议或者带队比赛等。

第七章

高校体育安全管理研究

由于体育运动中存在一些竞争因素，学生之间存在互动，很容易出现一些安全风险，这些风险不仅会显著影响学生的人身安全，而且会影响学生的职业生涯。因此，在新形势下，高校体育课程的发展应积极关注安全问题，有效预防体育运动中隐藏的风险，并积极采取措施确保学生的人身安全。

第一节 高校体育教学安全管理

一、高校体育教学安全管理的问题

体育教学安全管理的现状在不同的国家和地区可能有所不同,但总体上可以说,越来越多的高校和教师开始重视体育教学的安全问题,采取积极的措施来管理和减少安全风险。

许多高校和地区已经开始重视体育教师的培训。加强教师的专业技能和知识,提高他们的安全意识和管理能力,是体育教学安全管理的重要一环。高校和政府机构已经开始投入更多的资金和资源,加强体育场馆、器材设施的安全检测和维护,确保这些设施符合标准并且安全可靠。

高校也已经开始制订安全规章制度,并进行有效的执行,以确保学生的安全和健康。高校和政府机构加强对体育教学的监管和管理,对不合格的教师、场馆和设施进行严格的管理和处罚。一些高校已经开始引入新技术,如虚拟现实技术、人工智能等,以提高教学效果和安全性。

不良的体育设备和不合适的场地条件可能导致安全问题,如没有适当的保护垫的健身器材、跑道、球场或游泳池等。错误的教学方法和技巧可能会导致伤害和事故的发生。学生个体差异是一个重要的安全问题来源。不同的学生在身体素质、技能水平、体型、年龄和性别等方面存在差异,这些差异可能会影响他们的安全和健康。管理和组织问题也可能导致体育教学的安全问题,如缺乏适当的监督和指导、不合理的课程计划和教学编排等。

环境和自然条件也可能成为安全问题的来源。例如,恶劣的天气条件、不良的空气质量和炎热的气温等,都可能影响学生的安全和健康。

（一）高校体育教师缺乏对安全问题的重视

虽然体育教学安全事故不在少数，但是一直没有引起高校体育教师对安全问题的重视，在体育课程教学中教师缺乏对安全问题的关注。一方面，没有维护好体育课堂的秩序，课堂体育活动的秩序会极大地影响着教学的安全性，也会影响体育课程教学的效率；另一方面，体育教师缺乏处理安全事故的应急能力，对体育课上出现的安全风险问题不能进行及时的处理和控制。

（二）高校医疗保障服务不完善

高校体育教学的安全管理在一定程度上还需要健全的医疗保障服务，但是从当前高校的体育教学来看，由于缺乏一定的安全意识，体育教学中的医疗保障服务还比较缺失，高校的医疗条件无法在第一时间对体育教学中出现的事故进行处理，无论是医疗的专业性还是设施的完善性，都无法为体育教学的安全管理提供有效的医疗保障。在高校组织运动会和体育比赛中，都没有落实独立的医疗保障服务。

二、高校体育教学安全管理策略

（一）完善安全防控体系

必须清醒地认识到，安全管理工作不是嘴上说说，拍个胸脯做个保证，或者是开个安全管理教育大会，签个安全责任书，明确一下安全责任就能够有效确保安全的。安全管理工作是一个复杂系统的工程，各个系统中的要素都必须相互支撑，相互协调，达到平衡，才能确保安全。安全管理系统中包含最为重要的 5 个要素：安全管理制度、安全管理队伍、安全防范设施、安全防范技术、安全应急预案。

一是要建立健全安全管理制度。安全管理制度是一个单位通过长期工作中积累的大量风险辨识、评价、控制技术，以及安全事故教训的累积所探索和总结出来的客观规律，通过法定程序固定下来，发布并要求所属人员遵守，可防止工作中安全管理的随意性，有效减少人为因素导致的安全风险。

二是要建设一支专业高效的安全管理队伍。人是安全管理的主导，在安全管理的系统中人是最积极、最主要的因素。建设一支专业高效的安全管理队伍，发挥人的主观能动性，能有效统筹、调动、发挥系统内的资源，发现并弥补系统中的漏洞，解决系统中的问题，在安全系统中起至关重要的作用。一支专业高效的安全管理队伍通常包括五大要素，一是身心素质过硬专业能力突出的人，二是专业科学的业务培训，三是精良的装备配备，四是严格的岗位责任及考核机制，五是有效的激励机制。

三是要采用完善的安全防范设施和先进的安全技术手段来加强安全管理。人的因素虽然是主导因素，但也需要物的辅助。现阶段人力资源是最宝贵的资源，同样也是成本最高的资源，在条件允许的情况下，提高安防设施标准和采用先进的安防技术手段来加强安全管理，不仅可以弥补人员数量、精力方面的不足，还有利于将信息化手段运用于安全管理当中，促进安全管理由定性管理向定性与定量相结合发展。最终形成人防、物防、技防等手段的有机结合。

四是要制订科学周密的应急处置预案，并定期演练。高校体育场馆必须根据自身的实际需要制订相应的应急处置预案并定期开展演练。如《突发事故处理预案》《消防火警人员疏散预案》《停电应急处理预案》《重大疫情处理预案》等必备的应急预案，并定期组织演练，确保险情发生时，所属人员依旧能够有条不紊地开展工作，把安全风险降到最低。

（二）坚持系统安全防控思路

安全系统的构成要素包括人、物、能量、信息四个方面，系统安全防控思路是指通过追求人、物、制度、文化等诸要素的和谐、可靠、安全、统一，使各种危险因素始终处在受控状态，进而逐步趋近于本质性、恒久性的安全目标。系统安全防控思路的优势在于系统中的每个环节、每个单元都在系统相互作用中，形成关联性整体，即使系统中部分环节出现问题，系统依然可以通过自身的平衡机制再次达到平衡，从而确保不会出现重大安全隐患。系统安全控制的主要方式手段表现为超前预防、根源控制、闭环管理、应急处置及持续改进。

在系统安全防控中，超前预防是最基础的安全控制手段。超前预防就是要最大限度地掌握安全事故防范工作的主动性、积极性，采取预防性的措施和方法，将传统的外迫性安全管理指标转变成现代的内激性安全目标管理。高校体育场馆的超前预防工作主要有：一是定期组织安全形势分析，定期开展安全自查，定期组织督导整改，及时排查安全隐患，解决萌芽状态的安全问题。二是在大型活动举办前要开展安全风险评估，对于专业领域的安全风险评估，如建筑结构安全评估、抗自然灾害风险评估等，还需邀请校内外知名专家评估。

（三）认真做好授课前的各项准备工作

高校应在开学组织体检，了解新生的身体状况，还应在开学后进行定期检查，并做好健康记录。体育教师应加强与校医院医生和顾问的沟通，以了解学生的一般和个人状况，控制运动强度和负荷，防止事故发生。此外，高校应为身体状况不适合参加剧烈体育锻炼的学生制订相关课程，并选择适当的教学内容，以便学生可以进行体育锻炼。

高校体育教师应提前检查课堂体育教学中使用的设备，严禁使用有安全风险的教育设备。了解身体健康和学习能力较差的学生，根据不同学生情况确定适当的锻炼强度和技术困难，逐步提高锻炼强度和难度。高校还应组织体育教师学院接受医疗援助和培训，掌握一些简单实用的安全事故处理方法，准备简单的医疗设备箱，并采取必要措施处理事故。

三、高校体育教学安全管理的人文因素

（一）学生

在普通高校体育教学安全保障过程中，学生是被保护的第一对象。因而学生自身的基本素质和状况是影响高校体育教学安全的第一因素。通过实践调研，可以总结出学生的这些基本素质，包括学生的身体素质和心理承受能力、学生的安全意识与安全行为习惯、学生接受安全教育的效果等。

1. 学生的身体素质和心理承受能力

学生的身体素质状况及其心理承受能力对普通高校的体育教学安全的影响较为关键。一方面，普通高校的学生大部分都是离开家庭，孤身生活在外地，身心素质相对较为薄弱，很容易在体育课程中受到挫折和打击，从而对其产生负面影响。另一方面，学生较为脆弱的心理承受能力对强度较大的体育教学内容接受起来难度相对较大。因而在普通高校体育教学安全保障方面，需要学生具备较好的身体素质和强大的心理承受能力。只有这样才能够在基础层面确保普通高校体育教学顺利开展。

2. 学生的安全意识与安全行为习惯

在普通高校的体育教学过程中，如足球、篮球、排球、羽毛球、滑冰等项目，学生非常容易受到伤害。因而在高校体育教学的安全保障环节，需要学生在课堂上具有强烈的安全意识，强化自我保护能力。与此同时，学生还要养成安全行为习惯，从而在较大程度上规避体育教学的安全风险，保障普通高校体育教学活动能够在足够安全的情况下顺利开展。

3. 学生接受安全教育的效果

在开展高校体育教学之前，学生必须接受相应的安全教育。但在接受安全教育的过程中，学生自身接受的积极性、听课的认真程度、对安全知识的理解程度，都会在不同程度上影响到学生接受安全教育的整体效果。因而，针对高校体育教学的安全保障问题，同样要全面关注学生接受安全教育的整体效果。

（二）体育教师

在普通高校体育教学的过程中，教师是重要的角色。教师的任何一个决策都可能会影响到体育教学的安全，因而体育教师的素质和能力也会在较大程度上影响高校体育教学安全。通过总结相关体育教学经验，结合相关的实践调研，可以总结出体育教师这些关键的素质包括安全意识与安全知识储备状况、对课堂的组织能力等。

1. 教师的安全意识与安全知识储备状况

高校体育教师自身所具备的安全意识能够在一定程度上影响高校体育教学安全。如果高校体育教师自身的安全意识较为淡薄,则会给高校体育教学安全带来较大风险。反之,如果高校体育教师的安全意识较强,则会给高校体育教学的安全带来一定的保障。另外,高校体育教师安全知识的储备也是影响学生安全的重要因素。因而,为了能够确保高校体育教学的安全开展,教师必须具备强烈的安全意识,同时还要不断地增加自身的安全知识储备。

2. 教师对课堂的组织能力

高校体育教师对课堂的整体组织能力是影响体育教学安全的重要因素。如果体育教师对课堂的组织能力较弱,则意味着会在较大程度上增加体育教学安全风险,容易导致学生受伤。相反,如果教师对课堂的组织能力相对较强,则意味着教师能够在较大程度上确保体育课堂上学生的基本安全。可见,教师对课堂的良好组织能力对保障体育教学安全至关重要。

四、高校体育教学安全管理的物质因素

(一)教学场地与器材的安全性

教学场地与器材的安全性也是影响教学安全的重要因素。如在排球教学过程中,很多高校都没有室内排球场地,因而只能在室外场地进行排球教学。而基于排球运动的特点,会有很多救球的动作,特别容易受伤,所以,教学场地方面的安全保障非常重要。另外,在教学器材的安全保障方面,如健美教学、体操教学等,对于器材的要求相对较高,如果器材安全性不足,则必然会在较大程度上影响体育教学的整体安全。因而,为了能够保障高校体育教学安全,在体育教学过程中必须保证教学场地与教学器材的安全性。

(二)体育教学经费投入情况

体育教学的经费投入情况也是影响高校体育教学安全的重要因素之一。特别是资金需求量较大的体育教学活动、体育耗材较大的体育教学活动以及体育教师的培训等,都离不开教学经费的投入和保障。从普通高校调研情况来看,大部分都存在着缺乏足够经费支持的情况,特别是在学生的安全保障环节,由于经费支持力度不够,导致缺乏足够的护具和安全保障设备。因而,为了能够更好地保障普通高校体育教学安全,相关部门要进一步加大体育教学经费的投入力度。

(三)体育教学所在地区的气候状况

高校所在地区的气候环境也是影响体育教学安全的重要因素之一。如网球、足球等必须在室外开展的体育教学活动,在冬季较为寒冷的北方就无法系统开展,特别是在东北地区更加无法保证学生安全。所以高校在冬季取消了室外的普通体育教学课程,改为滑冰或滑雪。然而滑冰、滑雪等教学课程的安全性更差,学生更容易出现运动伤害。可见,高校所处的气候状况也是影响体育教学安全的重要因素之一。

五、高校体育教学安全的管理因素

(一)教师的课堂管理情况

教师对课堂的整体管理情况是影响高校体育教学安全的重要因素。如学生课前的准备活动要做得充足,基本安全保障事项要明确等。如果教师能够行之有效地管理整个体育课堂,强化学生在课堂上的专注力,就会在很大程度上减少学生在体育课堂上的伤害。而高校教师的这种课堂管理能力必须经过教学实践的不断积累才能够逐渐提升,教师的重要性不可忽视。

（二）高校体育部门的安全管理情况

高校体育部门对体育教学安全方面的管理与重视程度是影响高校体育教学安全的重要因素之一。一般情况下，高校体育部门对体育教学安全的要求相对较高，能够更好地保障体育教学的整体安全性。因而，基于安全管理实际情况，高校体育管理部门要提高安全管理意识和管理能力，确保高校体育教学的安全形象。

六、高校体育教学中安全问题出现的原因

（一）高校体育教师课程安排失误

目前，中国许多大学缺乏适合学生的空间，因此在课程设计中缺乏足够的规划，可能会导致工作场所过度拥挤从而发生体育事故。同时，如果体育教师在教学过程中没有充分、及时地考虑到学习者的身体状况，这可能会导致体育课不适合学生的实际情况，从而导致体育事故的发生。

（二）高校体育教师课前准备工作不充分

大学体育教师的准备不足如下：缺乏对课程所需体育设施的全面检查，缺乏必要的医疗、技能和医疗用品，不重视传授有关运动的知识等。这些都是造成体育事故的潜在风险。

（三）高校体育教学环境欠佳

目前，绝大多数体育院校都在户外进行，因而容易受到气候因素的影响，如高温，这可能导致学生中暑，温度过低会导致冻伤等。另外，由于体育设施数量有限，许多人共用设备或在狭小的环境中过于拥挤，导致教育场景混乱，也是导致教育事故发生的因素之一。

第二节 高校课外体育安全管理

一、基于途径的分类

（一）训练安全

随着竞技体育世界的不断发展，运动员的训练水平都在不断提高。然而，运动训练中的竞争和对抗更多，运动员在训练中更容易受伤。如果训练不规范，受伤运动员的数量就会增加。尤其是在基础训练中，运动员的安全知识储备很少，训练人员本身素质也不高，很难根据运动员的实际情况为他们安排合适的内容。

（二）竞技安全

竞争安全是指竞争过程中与主题活动相关的所有安全现象。这是竞技体育安全体系中影响最大的部分。竞争安全还包括体育场安全、运动员安全、员工安全、公共安全等。

二、基于场所的分类

（一）室内体育馆的安全

室内体育馆作为大规模体育活动和运动训练的场所，其安全问题备受关注。确保室内体育馆的安全是保障参与者安全的重要条件。以下将探讨一些关键要素和方法，以确保室内体育馆的安全。

首先，设施维护是确保室内体育馆安全的重要环节。定期检查和维护运动设备、器材，确保其安全可靠。对于场地地板、围栏、灯光等也需要定期检查，及时修复损坏或不安全的地方。此外，紧急疏散通道应保持畅通，消防设备要配备齐全并易于操作。

其次，安全培训和管理是至关重要的。室内体育馆的工作人员应接受相应的安全培训，了解急救技能和应急预案，以及如何有效应对紧急情况。同时，建立完善的管理制度，明确工作职责和安全责任，确保每个人都能够履行自己的职责并积极参与安全管理。

最后，与相关部门保持密切合作和沟通也是确保室内体育馆安全的重要手段。与体育场馆管理部门、公安部门和消防部门建立良好的合作关系，定期进行联合演练和安全检查，共同制订应急预案和安全措施。

（二）室外体育场的安全

室外体育场作为举办大型户外体育活动和比赛的场所，其安全问题备受关注。在户外环境中，确保室外体育场的安全是至关重要的，既要保障参与者的身心健康，也要预防事故和紧急情况的发生。以下将探讨一些关键要素和方法，以确保室外体育场的安全。

首先，场地和设施的安全是室外体育场安全的基础。场地应平整、无杂物，并且符合相关安全标准。场地周边的围栏、护栏等稳固可靠，以防止观众和参与者意外跌落或穿越。同时，应定期对场地进行检查，确保任何损坏都能得到及时修复。

其次，天气状况的监测是室外体育场安全管理的重要部分。在户外环境中，天气因素对安全产生直接影响。应有专门的气象监测系统，及时获得气象信息，并根据天气条件做出相应的决策。例如，对于恶劣的天气情况，如强风、大雨或雷电，应及时取消或延迟活动，以确保参与者的安全。

再次，安全警示和标志也是确保室外体育场安全的重要手段。在场地周边和关键区域设置明显的安全警示标志，用以提醒人们注意安全，并采取必要的防护措施。例如，设置紧急出口指示、防滑标识、观众隔离带等，以确保人员能够清晰识别危险区域和安全通道。

最后，安全人员和急救设备的配备也是室外体育场安全管理的重要环节。应有足够数量的专业安全人员进行现场巡视和管理，及时发现和处理安全隐患。同时，应配备急救设备，并培训一定数量的急救人员，以应对突发事件。

三、基于事件性质的分类

(一)技术类

在高校课外体育活动中,涉及大量技术设备和器材的使用,如攀岩、滑翔伞、跳伞等。针对技术类事件,应加强对器材的检查和维护,确保其性能稳定可靠。同时,必须对参与者进行充分的安全培训和指导,提高其技术水平和安全意识。在活动现场由专业人员进行指导和监督,保证操作规范和安全。

(二)自然灾害类

自然灾害引起的体育事故是指自然因素导致的体育参与者的人身、身体和心理健康问题。包括洪水、飓风、霜冻、海啸、地震、火山和山体滑坡、碎片流、森林火灾等自然灾害引起的所有事故。特别是近年来,随着全球变暖、洪水、飓风、山体滑坡、地震和其他自然灾害的发生,对体育参与者的安全构成严重威胁。

(三)人为骚乱类

人为骚乱往往发生在人员密集、秩序混乱的场合,如大型比赛、运动会等。为了防范此类事件,高校应设立专门的安全保卫部门,加强对场馆和入场人员的安全检查和管理。同时,在活动现场增加安保人员和警察,维护秩序并及时处置突发事件。此外,加强与警方的合作,加强情报分享和联合行动,共同维护活动的安全。

第三节　高校体育风险监管体系的构建

体育风险监管体系是指在体育活动中建立的一套监管措施，旨在预防体育活动中安全风险和事故的发生，保障参与者的安全和健康。

建立一套详细的安全规章制度，明确各方面的责任和义务，规定参与者的行为准则和安全要求，以及应急处置措施。应该有足够的安全管理人员，包括教练员、裁判员、医疗护理人员等，进行现场监督和管理。对场地设施进行全面的安全检查，确保场地设施符合安全标准，并及时得到维护和修缮，防止出现安全隐患。对于事故的发生，应该及时进行报告和处理，制订相应的应急预案，做好处理工作。

国外运动风险相关研究非常广泛，以下是其中一些比较重要的研究。

运动风险管理理论：运动风险管理是指对运动中潜在的危险进行评估、控制和监控的过程。该理论主要关注如何在运动中预防事故的发生，以及如何有效地应对可能出现的意外情况。

运动意外事件和事故的研究：研究人员收集和分析运动中意外事件和事故的数据，以便识别风险因素，并提供更好的预防和应对方法。

运动员受伤预防和治疗的研究：研究人员通过研究运动员的运动生理学和医疗保健方法，以提高运动员的安全意识和健康水平。

运动风险评估和控制的研究：研究人员通过对不同运动场景的风险评估和控制，制订出相应的风险管理策略和措施，以确保运动员的安全和健康。

运动与健康的关系研究：研究人员探索运动对身体健康和心理健康的影响，以及如何最大化这些好处，并降低潜在的风险和危险。

运动风险应对的研究：对各种体育活动中可能出现的风险进行评估，确定风险等级和危险因素，并制订相应的应对措施。建立体育活动监测和预警系统，及时掌握体育活动中出现的意外情况，并及时采取相应措施。建立完善的体育风险管理规章制度,包括体育场馆的管理规定、运动员的行为规范、教练员的管理制度等。提供必要的安全设施和装备,如安全网、防护衣、护具等以保障运动员的安全。加强对运动员、教练员、裁判员等相关人员的安全教育和培训,提高他们的安全意识和应变能力。建立责任追究和监督检查机制,对违规行为进行严格监督和惩处,确保体育活动的安全进行。

一、高校体育风险概述

任何事物的存在,都会伴有一定的风险,体育运动更是如此,尤其是运动伤害事故往往影响学生的身体健康,不利于养成良好的体育锻炼习惯。在高校体育中,运动风险主要潜藏在体育教学、体育训练、体育竞赛、体育娱乐等的过程中,具有很大的不确定性。由于高校体育运动的对象是在校大学生,一旦发生体育风险,直接受害者就是学生,甚至会引发各类过失而导致的人身赔偿事件。一般来说,高校体育风险造成的运动伤害主要包括三大类别:一是特殊疾病,二是普通身体疾病,三是运动创伤,这些风险不仅具有客观性、损害性,还具有可预测性、可控性,只要采取行之有效的措施进行防控,减少损伤,就有助于高校体育运动的健康发展。

二、运动风险识别的基本特征

大学生运动风险识别的特征取决于对风险特征的认知。风险认知是风险识别的基础,只有充分地理解了风险的基本认知的知识后才能去探寻与建立风险识别的知识架构。参照文献研究,运动风险具有九个基本认知特征:伤害性、知识性、新奇性、严重性、公平性、恐惧性、后果性及自愿性等。但在实际的体育运动风险研究中,经过体育专家以及实际运动损伤的案例分析后认为,对于运动风险的参与者和指导者,他们普遍感受到运动风险的六个最典型的认知特征:严重性、潜在灾难性、知识性、可控性、一般恐惧性、自愿性。大学生在实际的体育运动过程中,运动风险还包括了学生对参与运动的运动价值、情感需求及运动知识的认知等特性因素,这些因素也直接影响了是否参加体育活动及参加活动对自身心理的影响。鉴于运动风险认知和识别的因果关系,综合理论和实际研究,大学生体育运动风险识别具有四个基本特征。

(一)风险的客观性

大学生是学校体育运动活动的主体,也是发生风险的主要群体。校园体育运动风险的发生不受主观风险因素的控制,具有客观的特点。如在学校组织的足球运动的比赛中,场地的平整与否、气候特点等都会造成运动损伤。虽然,很多时候在主观上,学生在比赛中往往忽略了风险的存在,对竞技体育所客观存在的风险没有足够的了解,在运球或者进攻的过程中造成身体的损伤。但是风险的客观存在是造成运动损伤的一个重要的原因。因而,正确地认识风险的客观性十分重要。

(二)侥幸与恐惧性

侥幸是指大学在运动过程中对于风险的回避与赌徒心理。大学生在从事体育运动过程中,很多时候对运动风险高的运动项目都有一种极强的好奇心,愿意参与这些没有参与过的项目,对可能发生的风险存在侥幸心理,没有正确认识该运动对自己可能会造成的损伤,内心心理活动侧重于参与而忽略了风险的存在,这也是很多大学生在体育活动中最常见的一种心理活动。恐惧是大学生在体育运动过程中过于注重风险的存在而产生的忧虑恐惧情绪。从风险的客观性来看,风险是存在客观性的,任何人对风险恐惧抑或担忧都无法阻止风险的来临。很多大学生看到风险对身体的损害,轻则扭伤、擦伤,重则危及生命,对体育运动产生了恐惧阴影,认为只要从事体育运动就会发生风险。例如学生选的课是游泳,由于准备活动不够充分,发生了水下抽筋,从而溺水,导致改修其他项目,这就是典型的学生对自己选修课程风险认识不够充分,发生风险后,没有主动认知风险发生的原因,而片面地理解风险的存在,造成自己对该项运动的恐惧。所以说,面对大学生这样一个特殊群体,引导他们对运动风险的认知有基本的判断和判定,在参与任何体育活动前,充分认识风险的客观性和如何规避风险十分必要。

（三）风险的可控性

风险虽然是客观存在的，具有它的普遍性，但是通过对大量发生的风险的案例分析，虽然风险具有偶然性、不可预知，但是，绝大多数风险还是会呈现出它的规律性。研究资料显示，很多事例证明风险具有可控性。大学生对风险的认知有了基本判断，就能识别风险；对运动项目风险的特点有所了解，就能避免风险的发生。实践证明，在体育活动中，了解运动项目特点、熟悉参与活动项目的裁判规则，正确评估自己的身体素质，就能有效控制风险的发生概率。

（四）危害性

体育活动由于它自身的特点和外界不确定因素的影响，在促进学生身体健康的同时，也给参与体育活动的群体带来了一定的运动伤害。体育活动风险的后果对大学的身体造成意外伤害，这种伤害，除了身体的感受，更持久的是运动者心理的创伤。这种心理创伤还难以愈合。

三、高校体育伤害事故的原因

（一）体育场馆器材损坏

在高校体育运动中，大部分体育项目都与器材、场地有关，但是部分高校的体育场馆器材陈旧落后，不够结实，一旦中途损坏，势必会撞压学生。在这种情况下，体育伤害事故完全由学校自身问题引起，包括相关人员没有定期检修器材，缺乏安全风险意识，造成了不可挽回的过失。作为教书育人的重要场所，高校应当为学生准备完善的体育运动设施，把安全放在第一位，全面落实体育安全保护措施，但是高校却没有做到，甚至有的缺乏完善的体育安全管理制度。如此一来，体育器材管理工作人员也忘乎所以，缺乏责任心，根本不关心体育安全管理工作，出现体育风险事件也不足为奇，学校需要承担全部责任。

（二）体育教师管理疏忽

高校体育教学管理工作较为复杂，一旦体育教师指导不当，也会产生体育风险，这方面的损伤事件屡见不鲜。高校体育课堂上，个别体育教师管理疏忽，看管不严，以至于不遵守纪律的学生中途离开而受伤；在某些校外体育赛事活动中，高校体育教师会将学生组织在一起，但是在校外活动中放任不管，学生在新的环境会手忙脚乱，极易产生意外事故，都是因为高校体育组织管理措施不完善。从某种程度上讲，之所以会出现损伤事故，主要责任者是学生自身，但是赛事与学校脱不了干系。不管是任何体育赛事，学校组织人员都要做好管理工作，而不是将学生送到场地就完事，缺乏约束的学生必然会迷失自我，比赛失利或受伤经常出现，这种现象要求高校承担一定的间接责任。

（三）校外因素引发事故

高校体育风险无处不在，不只与学校自身存在联系，还与自然环境有着密切关系，比如：地震、台风、雷雨等的突然来袭，经常会对学生的体育运动造成不可抵拒的伤害事故。同时，在高校体育活动中，有些风险看不见、摸不着，也无法预见，无形中就会降临体育伤害事故。其一，体质比较差的学生会在运动中复发疾病，且没有提前告诉教师，体育教师第一次知道学生患有某种疾病；其二，个别思想偏激的学生一时想不开，会在体育场馆内部自杀，造成不良的高校体育事件；其三，有学生在返回体育活动场所的途中，不幸遭遇交通事故，等等。不管怎么说，这些体育损伤事件都与学校本身无关，高校不需要承担任何责任，但是也要引起足够的重视。

（四）运动强度与负荷

这是影响体育课堂安全风险最大的因素。有过健身运动基础的人都明白：提高机体运动水平最直接的方式就是增加运动负荷量来刺激机体，使得机体的运动水平得以提高。这种方法不仅适用于竞技运动员，同样也适用于普通人群。对于竞技运动员而言在增加运动负荷与强度时可以通过一些专业仪器设备来监测运动员的运动状态,可以及时预见运动员下一秒发生的情况。但是对于普通学生而言,他们享受不了这样的个性化待遇,体育课堂中体育教师面对的是一群运动水平参差不齐的个体,加上缺少专业的仪器监控设备,所以体育课中学生的运动强度与负荷的控制成了教学中的一大难题。很多时候体育教师并不能完全把控练习的负荷量,更多的是凭借直接经验。那么何种强度和运动负荷对学生既有效、又安全,恐怕难以给出最准确的回答。

(五)内源性因素

1. 个体体质的差异性

每个人的体质状况是遗传和后天生活方式所决定的。体制的差异性决定了身体素质是有差异性,如大学生的身体形态、生理生化、心理发展、适应能力和运动能力水平等的差异性。身体素质的个体差异也是导致运动项目风险的不确定性的原因之一。如:柔韧性和协调性。在艺术体操、传统武术项目等形艺类项目中,如果学生柔韧性和协调性比较差,受伤的概率会大幅增加。因而,个体的身体素质的差异性也是导致运动风险发生的重要原因。

2. 运动知识的差异性

体育运动项目的种类很多,大学生对运动知识的了解能有效地减少运动风险发生的概率。运动知识了解程度主要是指学生对体育运动的规律性了解程度,对运动负荷的极限性掌握程度,对体育运动的多样性及运动项目的特点的了解程度。大学生在体育运动中,如果对所从事的体育运动知识的难点和风险点缺乏了解,对运动项目的特点和知识缺乏认知,就会造成运动和训练的盲目性,让可控的运动风险变成不可控。所以,运动知识的了解程度和运动风险的发生息息相关,掌握必要的体育运动知识是非常必要的。

3. 运动经验的差异性

大学生在选课或者从事某项体育运动,经常用自己不成熟的经验来分析判断该项运动的风险概率不足以避免风险的发生。例如,大学生在进行长跑的锻炼中,很多人忽略了身体和自身的体能情况,盲目地坚持,身体出现状况也认为是正常的反应,坚持一下就好了,但因为体质(心血管等)的原因可能会导致了风险的发生。最经典的例子就是明星高以翔跑步猝死,明星本人和工作人员内心或多或少也存在经验主义,导致了悲剧的发生。所以合理运用运动经验,评估运动经验的风险程度,不过分依赖经验,才能使运动风险的概率降到最低。

4. 运动态度的差异性

运动态度就是对从事体育运动的一种内在感受、情感和意向。大学生在从事体育运动时,往往带有一种主观判断,从心理学角度来讲,大学生处于一个特殊的年龄层次,对运动项目中刺激性、风险性较高的项目有尝试的冲动,这就导致了他们对运动项目本身风险性考虑的局限性。还有些大学生对运动态度保持中立甚至回避的态度,对体育运动很漠然,这种态度夸大了体育运动的风险性而忽略了体育运动对大学生的身体素质的提高。因而,运动态度也影响了运动者对风险的认知和判断。态度在某种意义上来说是对运动自信心的一种表达方式,自信心强的学生一般愿意挑战风险比较高的运动项目,自信心弱的学生,相对保守,不愿意从事风险大的项目,会选择风险比较小的运动项目。大学生在从事所选择的运动项目时,凭感性的成分相对多一些,这为运动风险的发生埋下了潜在的风险。

四、高校体育风险防范机制的优化策略

(一)强化高校体育伤害事故防范系统

做好高校体育风险防范工作,必须重视体育伤害事故的防范意识与管理制度的完善,进一步强化高校体育伤害事故防范系统。首先,在平时的体育教学中,教师要融入伤害事故预防的内容,增强大学生的自护意识,可以向学生传授一些规范的动作,以及运动技巧,熟悉各个体育项目的注意事项,从而有效规避体育损伤;其次,更新体育教师的知识结构,能够迅速处理伤害事故,在必要时充当第一救护人,避免二次伤害;最后,高校要加大投资力度,改善高校体育教学训练设施,不断完善

体育场地和相关器材，从而为当代大学生提供安全舒适的锻炼环境，可以大大降低体育事故发生的概率。

（二）建立体育伤害事故责任追究机制

面对高校体育运动的蓬勃发展，学生参与体育健身的意识越来越强烈，安全问题也是一个备受关注的问题，但是事故责任也要明确，最好建立一个体育伤害事故责任追究机制。具体地讲，高校可以从多个层面出发，设置不同的责任区，比如，建立校长责任制，主要承担分管体育工作的职责；建立体育基础设施质量保障机制，要求体育器材厂商承担起因产品质量问题引起的损伤事故。同时，高校还要对各个部门进行约束，建立体育设施维护监督机制、体育训练安全保障机制、体育课安全授课机制等。只有明确划分各个部门的职责，并将其落实到位，必将形成“全民呵护学生运动安全”的良好格局。

（三）完善高校体育伤害事故法律法规

体育运动带有一定的竞技性，学生容易因剧烈运动而产生意外，风险比例较大，需要引起学校领导的重视。实际上，国家很有必要完善高校体育伤害事故法律法规，比如：从高校领导、体育教师等入手，全部签订安全责任证书，即使发生了体育损伤事件，也有合法化的处理程序，在很大程度上避免了纠纷，从而有效地控制了高校体育伤害事故发生的概率。高校需要从实际出发，以现有法律法规中明确规定处理伤害事故的流程为依据，严格控制体育损伤事故流程，做到处理过程有法可依。

（四）建立校园体育安全监督管理制度

高校还应当建立科学的校园安全管理制度，确定体育伤害事故的归责原则，引起全校师生的高度重视。不管制度如何科学，一旦离开了监督，就很难将规章制度落实到位，尤其是高校体育风险的防范过程，更需要有力的监督，才能避免体育伤害事故。一般来说，高校可以对整个体育教学过程进行全程监督，维护学校、教师、学生的合法权益，这样才能促进高校体育工作的安全进行。在有条件的情况下，高校可以划拨出一部分校园教育经费，成立在校生人身伤害专项保护基金，将社保费用和专项基金进行相结合，使二者共同分担高校体育风险问题的处理。

（五）提供多元化的环境保障

体育环境是一个综合系统，包括自然因素、社会因素、流行病学因素、设备等因素。体育场设备是体育运动中的重要环境因素，建立定期检查制度，并将责任下放给个人，重点是加强对与活动所需设备相关的风险因素的监控，例如：设备数量和类型不足以满足需求，应尽早制订明确和全面的应急计划，以应对疫情、雨雪等紧急情况，并从系统的角度降低风险。

（六）建立层次分明的运动风险监管体系

体育风险控制系统是提高风险管理有效性的关键。

首先，应建立一个分层的体育风险监控系统，识别风险，评估风险，并管理组织的相关风险模型和机制。

其次，根据风险各个维度的优先顺序，建议制订一个反映高校现实的体育风险监控计划。应优先预防和控制高风险的严重体育危害，以提高风险预防和控制的有效性。

最后，应为教师提供职业培训，以应对风险，提高他们的医疗能力。

五、高校体育运动风险的预防措施

（一）教师角度

作为体育教师而言，面对这类的事件，教师们应该更多用包容的心态来接受，除去一些不可预测的风险之外，教师可以将事故发生率降到最低。学生购买意外伤害保险，备好每节课的教案，上课前检查一些场地、器械并确保其安全性，对于运动负荷与强度，首先充分的热身非常必要，在课程练习中不断灌输运动安全意识，在没有可监控的仪器设备下，可以更多地运用选择方法，而不是要求所有人都要按照统一的标准完成练习，如果条件允许，可以在每次运动完后让学生按住自己的脉搏，计时 10 秒的方法来粗略地计算心率；在对抗性的运动中给予学生一定的安全防护意识，当学生疲劳时或大强度运动时强调动作的标准或者减少运动幅度，以免其受伤。

（二）国家角度

想要预防体育运动中的风险只依靠体育教师备课是远远不够的，必须需要国家制定相关的政策、法规来进一步完善高校体育各方面的管理办法和条例；由于体育教师职业的特殊性，未来建议教育部和学校为体育教师购买一份职业保险。学校也需要建立一套完善的法律法规制度和教师的职业风险保障系统。

（三）学生角度

教师们在体育教学当中也要注重培养学生的风险意识，有些学生会在体育课上进行游戏，而他们缺乏游戏过程中的玩耍打闹可能会造成伤害的认知和判断能力，从而造成受伤的后果。教师们在实际的教学过程中，一定要不断地向学生们灌输风险意识，让学生们知道每项体育活动当中存在的危险。教师们也要注重去了解每个学生的身体情况，根据学生的身体素质合理地安排教学内容，避免学生因为完成强度大、难度高的教学任务，导致运动损伤。教师们教学前还需要认真地检查教学器材和教学场地，尽量选择一些平整的教学场地，还要注意看一下教学器材是不是有损坏，避免因教学场地和教学器材的问题，导致学生在运动的过程中出现损伤。

第八章

高校大学生体质健康管理与运动促进研究

大学生体质健康管理是指通过对大学生的身体状况进行评估、分析和监测，制订科学、有效的健康干预计划和健身指导计划，培养大学生的健康意识和健康习惯，提高其身体素质和健康水平的一项工作。其目的在于通过科学的手段，使大学生能够在学习和生活中更加健康、积极、阳光，更好地完成学业和实现自我价值。大学生体质健康管理涉及多个学科领域，如体育科学、运动医学、营养学、心理学等，需要具备综合素质和专业技能来进行大学生体质健康管理。

第一节　大学生体质健康管理的基础理论

因国民健康问题导致医疗费用不断激增而间接影响生产力，美国最早提出了“健康管理”的理念，之后在欧洲国家迅速发展。“健康管理”是在建立预防为主的现代健康理念和创新管理模式驱动下产生的，以促进人人健康为目的，对个体或群体的健康进行全面监测、分析、评估、跟踪，并提供健康咨询和指导，它是对健康危险因素进行干预的全过程。我国对“健康管理”的研究与运用近几年呈现出渐热之势，随着一系列促进体质健康相关意见的颁布，使全民健康上升到了战略高度。2018年12月，教育部等九部门印发《中小学生减负措施》，其中明确指出确保学生“每天锻炼1小时”，“鼓励支持孩子参加各种形式体育活动，培育1～2项体育运动爱好，引导孩子从小养成良好锻炼习惯”。2019年7月中共中央国务院下达《关于深化教育教学改革全面提高义务教育质量的意见》，强调“健全国家监测制度，未达体质健康合格标准的学生，不得发放毕业证书”。大学生是国家现代化建设的未来主力军，其体质健康水平不仅与自身身体健康和学习能力密切相关，也是国家全民体质健康的重要基础。然而迄今为止，我国高校将大部分资源投入学校应试教育中，对学生健康管理的投入较少，甚至无法维持。

一、大学生体质健康管理的意义

近年来，学生的健康问题受到社会的高度关注，成为一个热门话题。通过监测、讨论和研究学生的健康行为，我们不仅可以了解学生的相关健康问题，提高教育和管理质量，还可以提高他们的健康意识。通过健康管理，我们可以及时了解学生在参与体育活动和生活习惯方面存在的问题，控制和管理这些问题，确保他们的身体健康。

开展身体健康管理对提高学生的身体健康水平具有重要意义。通过管理，我们可以引导他们根据实际情况积极参与体育锻炼，并用有针对性的训练方法。这样不仅可以避免一些不良习惯，还可以通过体育锻炼培养良好的健身习惯。

大学生体质健康管理具有以下几个方面的意义。

（1）提高大学生的身体素质和健康水平。通过对大学生的身体状况进行评估和监测，制订科学的健康干预计划和健身指导计划，可以有效地提高大学生的身体素质和健康水平，降低患病风险，提高身体免疫力。

（2）培养大学生的健康意识和健康习惯。大学生时期是身体发育成熟的关键时期，通过大学生体质健康管理，可以培养大学生的健康意识和健康习惯，使其养成良好的生活方式和健康习惯，对其一生的身体健康具有重要影响。

（3）促进社会和谐稳定。大学生是国家和社会的未来和希望，通过大学生体质健康管理，可以使大学生更加健康、积极、阳光，从而促进社会和谐稳定和经济发展。

（4）随着社会经济的快速发展，大学生的学习压力和生活压力逐渐增大，长时间的课业和工作，往往会导致大学生缺乏运动，身体素质下降。很多大学生有不规律饮食、熬夜、过度沉迷网络游戏等不良生活习惯，这些习惯不仅会影响大学生的身体健康，还会影响他们的学习和生活。

（一）建立健康管理团队

为了维护学生的健康，诊断主要通过医学院或体育教育工作者的干预进行。目前，有一些公司专门从事学生健康管理工作，许多大学没有认识到学生健康管理的重要性。虽然学校每年都会对学生进行体检，但只有优秀、良好、合格和不合格的考试成绩。这些数据无法完全反映学生的健康状况，尤其是在缺乏相关实时跟踪机制的情况下。

大学需要与社会密切合作，通过服务管理跟踪，如聘请专家分享健康专业知识和进行健康教育，确保体育健康管理的有效实施。体育、讲座和呼吁各级体育协会，组织大型体育赛事，营造良好的氛围，让学生参与体育锻炼，提高学生的体质。同时，一系列技能培训可以帮助学生形成健康积极的生活方式，并通过锻炼改善他们的体质。此外，还可以通过家庭系统和社区的咨询和干预，影响学生的相关行为，促进他们的身体健康，从而促进学生良好健康观的形成。

高校对改善学生的身体健康负有重大责任。因此，我们需要改变传统的教学方法，理解学生参与体育锻炼的重要性。通过教学中的理论和实践，培养学生养成良好的习惯，这是一项有目的的教学任务，使他们能够理解运动的价值。然后学生可以通过练习相关的运动技能来做到这一点。总之，我们应该根据学生的实际身体健康状况，继续调整教学方法，以解决学生健康问题。

（二）进一步发挥引导作用

为了最大限度地提高学生的身体健康水平，学校必须充分发挥作用，有效管理学生的日常行为，帮助他们健康成长。学校应扩大体育运动会规模，增加对体育设施设备的投资，为学生提供足够的体育平台空间，确保每个学生都有足够的机会参与体育锻炼。同时，在实际教学过程中，也有必要开展有趣的体育活动，如常规体育赛事，以提高参与度。运动不仅锻炼了学生的身体素质，而且培养了学生的团队精神。

目前，大学生的身体健康管理存在一些问题和缺陷，例如缺乏有关身体健康的科学数据，缺乏及时跟踪，缺乏健康管理团队，导致健康管理系统并不完善，大学生对健康状况了解不足，缺乏预警机制。因此，为了提高大学生的整体素质，有必要继续完善卫生管理机制，为大学生建立相关的卫生管理服务平台。开展各种类型的活动，以提高学生对健康管理的认识。只有这样，我们才能制订满足学生需求的健康管理计划，全面促进学生健康。

学生是国家的未来和希望。他们的身体健康不仅与他们的健康发展密切相关，而且也是国民健康的重要基础。近年来，中国学生的身体健康水平呈持续下降趋势，爆发力、耐力等指标呈下降趋势。近视、超重和肥胖在学生中的流行率显著增加，心理社会适应能力下降。对社区大学生实施身体健康管理是解决上述问题的有效方法。基于卫生管理的原则和技术，我们为学生创建了基于城市卫生服务的卫生管理模型。

二、大学生体质健康管理体系构建原则

(一)科学性原则

科学性原则,一是选择的健康指标必须科学反映大学生群体的健康状况水平,不能选择没有意义的指标而影响整个指标体系的效用;二是指标设计在名称、解释、单位等方面必须明确无歧义,以减少指标数据收集和统计工作中的登记性误差;三是指标体系需要进行信度和效度检验,从而评价指标体系具有更高信度和效度。

(二)可信性原则

指标是质与量的统一,要有具体、准确的量的规定性。没有经过调查研究,不进行咨询,仅凭主观臆想建立指标体系,必然导致研究缺乏可信性。对于大学生健康指标体系的构建更是如此,无论做文献调查分析,还是专家咨询,或是引入数学计算方法,都是使指标体系达到客观可信的高水准。

(三)可比性原则

指标具有可比性,才能体现指标选择的初衷。可比性原则体现在两个层面,一是同一层次指标,尽可能体现横向与纵向可比性;二是指标要在时间和空间有可比性,一些差别意义不大的指标,不应选入指标体系。

(四)可操作性原则

可操作性原则,是影响指标体系能否实现落地。其含义一是,指选择的指标值的测量与数据来源简便可行;二是在大学生健康评价过程中,指标容易获取且易于评价。

（五）定量定性结合原则

健康评价指标体系，最后还应满足定性与定量相结合的原则。定量定性结合，就是在定性分析基础上进行量化比较。对缺乏统计数据的定性指标，可采用设立评分量表，然后进行专家咨询的形式，确定指标取值范围。

三、制订大学生体质管理的个性化方案

进行身体状况评估。对大学生进行身体状况评估，包括体质测试、身体成分分析、健康风险评估等。评估结果可以为建立个性化方案提供依据。

分析身体状况数据。根据身体状况评估结果，对大学生的身体状况数据进行分析，了解其身体状况。同时，还需要考虑大学生的年龄、性别、生活习惯、健康需求等因素，制订适合其个性化的健康管理方案。

设计个性化方案。根据大学生的身体状况数据和生活习惯等因素，设计适合其个性的健康管理方案，包括运动方案、饮食方案、心理调节方案等。要注重科学性、可操作性、个性化。

将设计好的个性化管理方案付诸实施，引导大学生根据方案进行。为了提高方案的落实效果，还需要对大学生进行健康教育，增强其健康意识。通过定期的健康检查和评估，评估个性化管理方案的实施效果，及时调整和优化管理方案，提高其科学性和实效性。

（一）高校社区大学生体质健康管理

卫生管理基于世界卫生组织的建议，即建立以预防和创新管理模式为重点的现代卫生概念。这是一个对个人或群体健康风险因素进行监测、分析、评估和干预的综合过程，旨在促进所有人的健康。根据学生当前的健康状况和身心发展特点，对社区大学生进行身体健康管理。专注于个人和团体管理，建立适合大学社区健康的身体健康管理体系和运营方法，旨在管理学生身体健康和提高学生身体健康水平。

根据健康管理的概念，社区大学生的身体健康管理主要包括两个方面。身体健康数据的收集：在生态系统理论的指导下，个人、家庭、学校

和社会在评估大学生总体健康状况和汇编其身体健康记录，为进行健康风险干预提供参考信息。身体健康风险评估：从三个时间维度评估过去、现在和未来，包括：调查家族史中是否存在遗传性疾病，以及过去是否有严重疾病；评估不利的生活方式和习惯、压力事件、环境风险因素等；预测未来的身体健康和发展趋势，为实施下一步干预管理奠定现实基础。

（二）高校社区大学生体质健康管理模式的构建路径

身体健康管理的最终目标是促进学生的身体健康。通过将体育与健康促进相结合，个人、学校、家庭和社区应该团结起来，重新思考一种满足学生需求并有助于促进健康的新的身体健康管理模式。

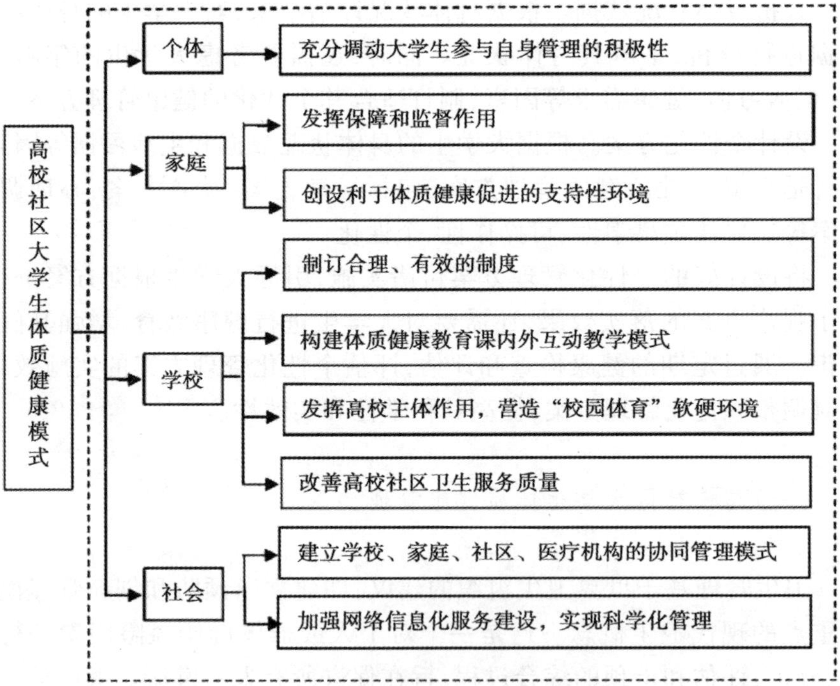

图 8-1　高校社区大学生体质健康管理模式

政府和高校应加强对大学生体质管理的政策制订和规范，制订相关管理标准和指南，明确管理职责和权利，为大学生体质管理提供有力保障。

加强对大学生体质管理的宣传和教育，提高大学生对健康管理的认识和重视程度。可以通过宣传海报、健康讲座、体育竞赛等形式，吸引大学生参与和支持。建立专业的管理团队，包括大学生体育教师、健康管理师等专业人员，提供全方位的体质管理服务，帮助大学生制订个性化的健康管理方案，并跟进方案的实施。建立大学生健康档案，记录个人身体状况、体质测试结果、健康管理方案实施情况和效果等信息，为管理团队提供依据，方便对大学生进行管理和服务。

大学应加强体育设施建设，为大学生提供各类健身器材、运动场地和设施，鼓励和支持大学生积极参与各项体育锻炼和竞赛活动，提高身体素质和健康水平。加强对大学生健身理念的科学普及，引导大学生掌握正确的健身方法和规律，避免盲目跟风或过度锻炼，保证健身效果和身体健康。

全面推进大学生体质管理需要开展政策支持、宣传教育、管理团队建设、健康档案建立、体育设施建设、科学健身理念推广等多方面的工作。通过全面、科学、系统的管理手段和服务方式，提高大学生身体素质和健康水平，为实现全民健康目标做出贡献。

要将公共体育服务从过去单一的体育训练向全民健身、健康促进等多元化方向转变，需要广大体育从业人员转变观念，增强对全民健身和健康管理的意识。公共体育服务应从单一的体育训练向全方位的服务转变，包括健身咨询、身体检测、体能训练、康复治疗等方面。要不断提高服务质量，满足不同人群的健身需求。

公共体育服务应根据不同人群的健身需求，开展多样化的健身活动，如瑜伽、舞蹈、健身操、太极拳、游泳、跑步等。同时，加强康复性体育和运动医学服务，为伤病的人群提供针对性的运动方案和治疗。公共体育服务需要良好的运动场地、器材和设施作为支持，为人们提供安全、舒适的运动环境。同时，还应推广新技术和新器材为人们提供更加多样化的运动选择。

公共体育服务需要高效率的管理和服务，可以通过数字化技术和互联网技术实现信息共享、预约服务、远程指导，提高服务效率和用户体验满意度。

1. 个体层面

（1）合理饮食。合理饮食是体质管理的重要组成部分，大学生可以通过控制饮食量和食品种类来保持身体健康。建议大学生饮食以蛋白质、碳水化合物、脂肪和微量元素为主，多吃蔬菜和水果，少吃高热量和高脂肪的食物。

（2）减少压力。减少压力是促进大学生体质管理的重要手段，要避免过度压力对身体造成的伤害。建议大学生可以通过放松心情、做适当的休闲活动等方式来减轻压力。

（3）激励学生参与自我管理。学生不吃早餐，上课迟到，不锻炼，完全忽视了自己的健康。鼓励学生积极学习健康管理和健康促进，增强自我意识，这不仅是大学生自我健康管理的开始，也是内心动机的开始。学生应保持良好的健康意识和行为，改变不健康的习惯，如不正确和不规律的饮食，克服焦虑和其他负面情绪，积极参与锻炼。创造健康的生活方式，养成健康的生活习惯。此外，学生俱乐部活动也应成为学生健康的驱动力。根据学生的兴趣和需求，组织体育讲座、体育比赛、运动训练小组等形式，帮助学生正确进行健康管理，实现自我健康。

2. 家庭层面

（1）家庭健康意识培养。家庭成员应该重视体育锻炼的重要性，家长可以带头进行适当的体育锻炼，同时也应该引导孩子形成科学健康的饮食习惯。通过家庭成员的共同努力，培养家庭成员的健康意识和健康生活方式。

（2）家庭锻炼计划。家长可以与孩子一起制订适合家庭成员的锻炼计划，并且鼓励家庭成员进行有氧运动、力量训练和伸展运动等多种运动。适当增加家庭成员的运动量可以有效提高身体素质，同时也可以增进家庭成员的亲密度。

（3）家庭饮食规划。家长要负责制订健康的家庭饮食规划，并根据孩子的体质差异进行个性化的饮食指导。家庭成员应该多食用新鲜的蔬菜、水果和全谷类食物，减少高糖、高脂肪食物的摄入。

（4）家庭睡眠环境优化。家长可以保证孩子的睡眠环境舒适、安静，减少睡眠时间不足或者过度睡眠的情况。适当规划家庭成员的作息时间，保证每个人的睡眠质量和睡眠时间。

（5）家庭成员之间的支持和鼓励。家庭成员之间应该相互支持和鼓励，共同促进健康生活方式的形成。家长可以给予孩子必要的激励和支持，帮助孩子形成健康的生活习惯和健康的生活态度。

（6）家庭应提供支持材料以评估学生的健康状况。家长应该学习营养知识，了解学生对各种营养素含量的日常需求，为学生制订健康营养食谱，以提供一些保护，并促进教育营养领域。同时，将与学校和市政卫生中心保持联系，以监控学生身体健康管理的实施情况。

在创造有利于促进健康的支持性环境时，父母应关注家庭成员的健康状况，消除所有有害因素，计划和开展各种形式的家庭体育和健康活动，创造有助于开展各种健康活动的家庭环境和氛围。

3. 学校层面

首先，由于中国大学普遍缺乏对学生健康管理的重视，缺乏独立的监管机构，因此没有取得预期的效果。学院和大学的物理治疗从根本上改变了思维，使学生拥有最高水平的终身健康，并建立了一个满足学生需求的体育健康管理体系。学生可以根据自己的兴趣和爱好选择学习和评估项目，最大限度地参与体育锻炼，享受体育锻炼，感受自己的需求得到了满足。

其次，学校定期对学生进行体质测试，分析和总结测试数据，及时捕捉学生健康的动态变化，改进一直测试的详细指标，以便做出决策，提供参考。最后，应与大学社区的卫生部门建立合作，并实施卫生管理。

为了满足学生的身体健康需求，在课堂内外建立互动教学模式，以实现卓越的体育教育。首先，扩大课程设置，促进各种形式的课外体育活动的发展，增加学生对体育的参与，形成课堂内外的互动教学模式。其次，将体育活动纳入健身评级体系，并重新设计体育教育，以评估形成性表现和评级标准。

目前，中国大学的市级卫生服务只能依靠校园医疗资源来满足学生的实际需求，他们还可以通过以下方式参与：当地医院、医疗机构和各级卫生部门提供肌肉力量和骨密度检测等。为了给学生提供在校园管理健康需求的参考，应创建专门的健康和教育活动，可以帮助学生传授医学知识和护理技能，并帮助他们系统地制订和实施健康管理计划，定期进行健康风险评估，并提供个人健康信息。

4. 社会层面

改善和加强学生身体健康管理是一个社会问题，需要学校、家庭、社区和医疗机构的共同支持。体育健康管理的关键是建立“全民体育与环境”，建立促进健康的长期机制。第一，应该更加重视行政部门和社会各界的公共卫生管理，与卫生管理专家、社区医生和护士联系，组织免费健身教育，引导人们正确参与健身实践，创造丰富的健康文化。参与者不仅可以通过瑜伽训练、冥想和放松练习来减轻身心压力，还可以根据自己的兴趣和爱好参加国家体育运动，例如“每天一万步”。计步器活动、健康自行车活动、社区徒步旅行活动。这些活动将建立一个健康激励机制，鼓励每个人参与。第二，通过微信、微博、网站、报纸等社交媒体传播健康信息，利用媒体传播舆论。

随着信息社会的不断发展，卫生管理领域广泛使用的信息服务网络，为卫生管理领域大学生的专业和科学发展提供了技术支持。通过互联网，为学生收集健康信息，提供实时反馈，创建动态、全面、专业和科学的管理系统。与此同时，卫生和教育部将通过交换数据来实现学校、家庭和社会机构的目标，传递信息，提高行政效率，降低行政成本，提升健康管理效果。

四、促进大学生体质健康管理模式构建的策略

大学生体质健康水平的提高不可能一蹴而就，当前大学公共体育课一周两学时的课堂锻炼远远不能满足国家对学生体质健康水平的要求，这就需要探讨体质健康管理服务由“一元”向“多元”的模式转变，在学校职能部门、校医院、家庭、学生的多方合作下，建立一个系统化、规范化的大学生体质健康管理模式，对大学生的体质健康指标进行监测、评价、反馈和干预，并提供体质健康咨询与指导，是改善大学生体质健康的主要途径之一。

（一）探讨大学生体质健康评价在学分制改革中的权重

当前，我国中小学生在学习减负的同时，明确“每天锻炼 1 小时”的体育运动。高校作为中学生后续体质健康监测的“承接方”，理应与国家政策紧密衔接，将全民体质健康管理进行到底。首先，除了每周两学时的体育课堂之外，还应建立课外体育活动和训练的阵地，体育教师牵头辅导，让学生有机会参加更多的项目学习和训练；其次，弱化体育课堂期末评价，可将学生的体质健康测试成绩和课外参加的体育运动作为

体育课的过程性评价在体育课堂成绩中体现；再次，可考虑将学生体质测试成绩与学分关联，并强化“未达体质健康合格标准的学生，不得发放毕业证书”的意见；最后，还可考虑将学生体质测试成绩与评优、评先进、评奖助学金挂钩。如此充分调动师生积极性，增强学生的体育意识，培养学生的体育锻炼习惯，对提高学生体质健康水平有着极其重要的作用。

（二）培养学生终身体育意识

第一，提高校领导和学校教师对体质健康管理的参与能力和参与积极性，这将对整个学校的体质健康管理重视程度和价值导向起决定作用，为培养学生终身体育意识保驾护航；第二，通过易于理解和接受的形式带动学生主动学习，如聘请专家讲座、开设大学生健康课堂、利用体育课堂进行体质健康知识宣讲等；第三，充分规划、利用好校园体育器材和设施，场馆定时向学生免费开放；第四，鼓励校园体育社团活动和课外体育活动的组织与开展。大学体育文化是大学校园文化的重要一环，鼓励和支持各级学生组织和体育社团积极开展内容新颖、形式多样的体育文化活动，促进校园体育文化的传播，如活力跑、校园运动会、趣味定向赛等。

（三）建立多元、科学的体质健康管理模式

提高大学生的体质健康水平，不能简单停留在“一元化”的监测与被监测层面，而应多方位、多因素联动——国家在学生体质健康管理中具有决定权，一系列由政府出台的纲领性文件和政策法规，将会在开展大学生体质健康工作中发挥着重要的指导、监督作用；学校、校医院、家庭、学生的共同作用是构建高校学生体质健康管理模式的重要基底。学校对学生体质健康管理起主导作用，学校积极开展大学生体质健康思想教育课程，增加大学生体质健康测试评价在学分制改革中的比重。相关教师应对学生身体素质进行科学分析，把控与研判测试数据，与校医院联动，强化本科生的健康管理意识，注重个体化需求。校医院的具体职能首先体现在为大学生提供必要的医疗卫生保障并进行健康卫生知识的讲授与宣传；其次，应负责审核学生因疾病或伤残不能参加体质健康测试而申请免测的证明材料；再次，在大学生体质健康测试期间提供重要的救护方案与措施。家庭的职能在于监督执行高校体质健康管理的要求，督促孩子养成每天坚持体育锻炼的良好生活习惯，为体质健康管理保驾护航。通过充分发挥“体测中心+体育课堂+课余锻炼+校医院”的联动作用，对体质健康测试中的“弱势学生（某项身体素质较弱的学生）”建档跟踪，实施过程监控，促进大学生体质健康水平的总体提高。

（四）落实推进《标准》的后续服务工作

第一，建立科学有效的体质健康信息管理中心。引进从事体质健康管理工作的专职人才，对大学生体质健康测试成绩进行分析和评价，建立个人体质健康信息档案，并对有需要的“弱势学生”进行诊断，给出运动处方。第二，根据个体健康状况进行跟踪与过程管理。学校可成立体质健康管理咨询中心、建立网络平台，专职人员着重关注“弱势学生”，指导、监督其日常体育运动及管理进度。“弱势学生”定期到体质健康管理咨询中心进行“测试—评价—指导”，以评促练，以练助健。第三，以学校为单位建立大学生体质健康管理运动处方库。整理普遍存在的大学生体质健康问题，指定专业人员进行运动处方库的推进。第四，开展团体性、常规性体育锻炼活动。如晨练、运动会、校园篮球赛等。

第二节　大学生体质健康管理方案与平台的建设

大学生体质健康管理平台是指基于互联网和信息技术，为大学生提供健康管理、运动监测、饮食营养等全方位服务的平台。这些平台通常包括手机应用程序、网站或其他软件，旨在帮助大学生进行个性化的体质管理和健康维护。

通过大学生体质健康管理平台，大学生可以记录自己的身体数据和健康信息，进行体质评估和分析，设置个性化的健康目标，制订科学合理的饮食和锻炼计划，进行运动监测和营养管理等。同时，平台还提供运动社交、在线健身课程、运动挑战等多种服务，以增加用户的参与度和运动乐趣。

大学生体质健康管理平台的出现，为大学生提供了更加便捷、高效、个性化的健康管理服务，有助于促进大学生身体素质的提高和健康生活方式的形成。

学生是一个特殊的社会群体，处于从学校向社区过渡的阶段。随着教育的改革，大学生人数不断增加。然而，参加体育锻炼的人数较少。如果这种情况不能及时改善，大学生的整体健康水平将受到严重影响。为了促进大学生的健康发展，高校需要加强身体健康平台的建设和管理。

一、国内管理平台研究与建设情况

大学生体质健康管理平台的设计理念主要是为了提高大学生的身体素质和健康素养，预防和减少慢性病等健康问题的发生，促进大学生身心健康、全面发展。平台应根据每位大学生的身体状况、锻炼习惯、饮食偏好等信息，为其提供个性化的健康管理服务。

平台应通过传感器、健康手环等设备，对大学生的运动量、睡眠质量等指标进行实时监测，以及通过各种调查问卷、自我评估等方式，收集大学生的健康信息，为用户提供数据化的健康管理方案。平台应开通身体素质测试、健康食谱推荐、健康课程学习、健康活动报名等多种功能，以提供多元化的健康管理服务。平台应建立社交互动功能，鼓励大学生分享健康管理经验，互相学习、交流，提高健康管理的积极性和效果。平台应采用可持续发展的设计理念，注重技术创新和管理创新，提高平台的可靠性和服务水平，以实现平台的可持续发展。

二、管理平台设计理念与原则

（一）设计理念

设计管理平台的理念为继续促进学生的身体健康，实现教育现代化的总体目标，以课外课程和协会之间的无缝连接为核心，满足不同类型的数据传输，为学生、教师和大学管理人员提供各种健康信息。为了实现高校各项体育赛事的发展，我们需要了解大学生的健康状况，以改革创新为动力，注重结构调整、发展模式转变和管理体制创新。为了完成上述任务，我们需要充分利用数据中隐藏的信息，并将内容结合到自然主题、课外活动和群众组织的几个模块中。将促进学生身体健康的媒体有机连接起来，形成及时有效的服务平台体系。

（二）设计原则

大学生体质健康管理平台的设计是为了保障用户的身体健康和信息安全，提供良好的用户体验，同时实现平台的可持续发展。

平台应以用户需求为中心，以满足用户需求为目标，为用户提供个性化、全面的健康管理服务。平台应提供简单易用、清晰明了的用户界面，以提高用户的满意度。平台应建立用户之间的互动和交流机制，以促进用户之间的学习和分享。平台应具有良好的可维护性，以保障平台的稳定性和可靠性。

首先，遵循普遍性原则。最大限度地整合现有资源，为学生服务，实现“以点带面”的综合效果。

其次，遵循舒适的原则。对于教师来说，使用传统有限的教师指南来完成学生大量身体健康数据的统计和分析，将直接影响体育教育工作者的工作效率和效益。因此，教师应利用计算机和相关信息平台，为信息搜索、处理、分析提供各种资源丰富的工具。

最后，遵循安全、可靠和开放的原则。安全性是构建管理平台时的一个重要原则。为防止信息泄露，必须对物理安全平台、网络安全、安全系统、安全应用、数据安全和安全管理系统进行全面评估，以确保信息安全。管理平台不是一个独立的系统，需要与其他大学和管理员联系，共享资源并监督检查有效性。因此，平台必须提供统一的接口，以支持多平台访问、数据传输和容量控制。

三、管理平台功能模块与运行流程

（一）功能模块分析

管理平台主要由三个功能模块组成：信息传播、信息服务和信息管理。信息服务是最重要的单位，需要公共和私营部门充分实现。在各个层面，应及时询问学生身体健康水平，然后与体育部协调制订学生干预计划，进行全面监控和管理。高级管理层应及时全面了解学生健康状况和发展趋势、教育决策，以奠定科学基础。

（二）系统数据分析

管理平台不仅应提供数据存储、积累、转换和交换，还应为学生、教师和管理人员提供个性化、有针对性的身体健康服务，以提供教育需求分析。由于管理平台具有不同类型数据的特征和强大的相关性，因此需要对数据进行彻底调查，以便为用户提供特定服务，并向用户提供隐藏在显著数据背后的数据。我们要根据用户要求使一些非结构化数据与一般数据相反，并形成了用户可以参考的新数据结构。为了为学生提供健康数据，有必要转换基本数据、个人数据和数据行为。

首先要有基础数据，要具有大学生的基本信息（包括性别、年龄、专业等）和体质健康监测的所有数据（包括形态、功能、素质、运动医学相关指标），此数据的采集主要为体质健康测试和运动医学相关测试提供参考。其次要依据相关评价标准对基础数据进行全面系统分析，评判出个性化的运动能力，并制订具有针对性的运动处方干预措施。最后根据干预措施实时行为数据的收集，并根据运动处方的要求进行评判。此数据的采集主要分为两大类：一类为体育课程中数据采集，另一类为课外体育锻炼的信息采集。体育课程数据采集可以采用现在体育领域使用非常广泛的 polar 心率表，可以实时监测到运动过程中的心率数据，并能及时传输到管理平台进行运动强度的针对性分析。课外体育锻炼数据采集可以运用手机中相关运动监测软件及时将大学生课余锻炼数据全程传输到平台进行分析。

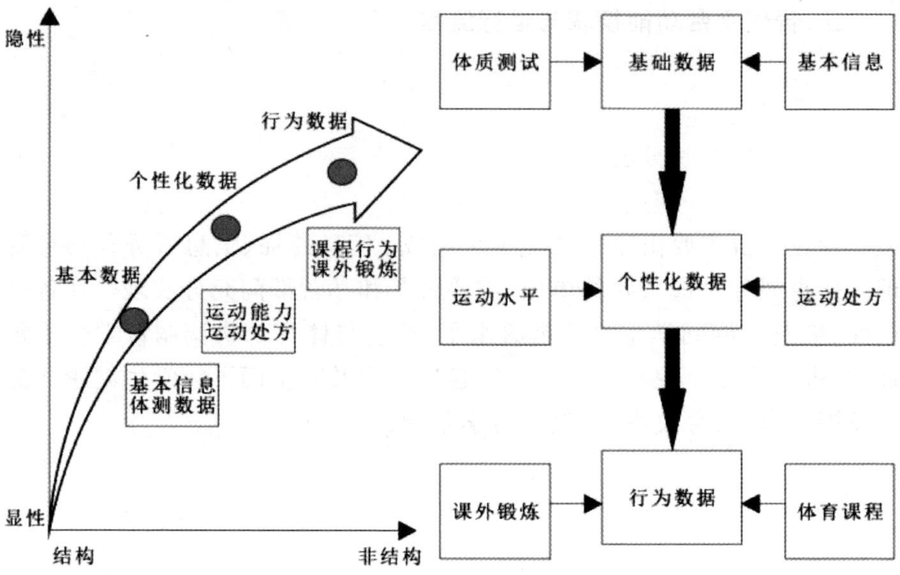

图 8-2 高校体育综合管理平台信息系统数据分析结构

（三）运行流程分析

基于上述研究，建立综合管理平台的运作流程。此流程分解为数据获取、存储、分析和呈现等内容，既相对独立，又相互关联，整体构成了大数据价值链。数据获取要求把与高校体育相关的工作信息进行录入，这是一个前期基础性工程。

（四）大学生体质健康状况

随着生活节奏的加快，学生的压力也越来越大。心理问题的出现不仅影响了学生正常的人际关系，也对他们的健康构成了威胁。其导致学生精神疾病的主要因素是研究压力、家庭压力、经济压力、爱情压力等。

不良生活习惯中有许多问题会影响学生的健康发展。例如，在营养方面，部分学生通常不吃早餐，增加患心血管疾病的风险。就行为和习惯而言，大学生吸烟有上升趋势。为了解决这些问题，我们应该重视学生的身体健康问题。如果学校不加强对体育健康管理平台的监督，学生身体健康的恶化将越来越严重。

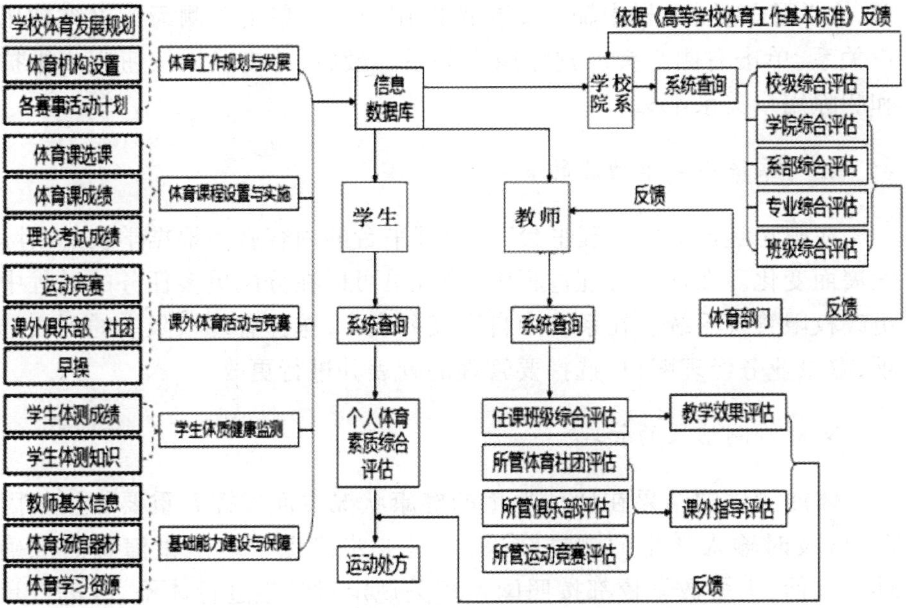

图 8-3 高校体育综合管理平台运行流程

1. 对管理信息的修改

为了确保卫生管理系统的现代化，学校管理人员必须及时更改学校不同专业学生的信息。在更改过程中，管理员必须首先访问页面管理员权限设置，然后从查询页面管理员处输入工作号。在此过程中，可以选择一个或多个管理员，单击查询，然后显示在管理员管理窗格中。使用鼠标添加或删除管理员管理的部门和项目，并完成信息管理更改。

2. 对用户的管理

在管理用户时，管理员可以根据用户之间的关系对用户进行划分，例如，同一系统宿舍学生的身体健康信息。或者，可以根据用户之间的关系进行划分，以便用户可以在管理系统中获得多个身份。通过对不同用户进行不同的管理，管理平台可以更加系统化。

3. 用户关系之间的维护

维护用户关系时，管理员必须首先从列表中选择维护用户关系选项，在"用户搜索"栏中输入要更改的用户名。单击左侧箭头以维护用户关系，单击右侧箭头以删除用户关系。最后，单击确认按钮完成维护和删除用户关系。

4. 对系统内菜单功能的管理

在构建学校卫生管理平台时，管理平台的内容必须根据学校的实际发展而变化。在任务管理过程中，管理员可以在分配更多任务的过程中更改权限管理系统。在系统中自定义列表中，选择管理权限中的列表选项，登录业务经理账户，选择要管理的列表并进行更改。

5. 对检测结果的管理

体能测试的结果在评估学生的健康状况方面发挥着重要作用。因此，应及时输入学生的测试结果，并进一步确保学生健康信息的准确性。目前，大多数学校都按照国家相关规定对学生进行体检，以进行具体的评估，包括身高、体重、耐力和速度等。如果有特殊情况，需要更改评估结果，并且管理员必须从列表中选择"测试数据"才能添加此选项，单击"导出错误模板"。然后单击"导入"以更改模板中的信息。最后，检查输入结果，系统会自动导入正确的结果。

6. 对检测结果的健康干预

学生身体健康测试结果公布后，教师应跟踪学生的测试结果，以进行有效的健康干预，并在学生平台系统中提供测试结果和反馈。例如，如果缺乏体育活动，他们需要写下关于某些体育活动、强度、时间和注意力练习的笔记。根据学生的测试结果制订适当的解决方案，以确保他们的健康。如果学生有心理问题，教师应及时与学生沟通，深入了解学生的内心想法，并在日常生活中为学生提供足够的支持。此外，学生们愿意敞开心扉，在解决问题的同时与他人交流，以防止他们的心理问题进一步恶化，从而导致严重后果。

年轻学生的身心发展是国家持久繁荣的基本要素，也是国家整体实力的重要体现。当代体育教育肩负着改善中国学生健康的崇高使命，正处于发展的关键时期。鉴于社会动荡带来的新挑战和机遇，为了扭转大学生健康状况下降局面，高校体育改革的基本方法是整合高校的所有体育资源，构建以健康为中心的管理平台。在体育学院实施从"被动依赖"

到“有效领导”的战略转变，形成高度重视实际影响的治理体系，维护基础，从健康角度促进改善，不断提高学生的整体健康水平。

第三节　大学生体质健康管理机制

大学生体质健康管理机制包括以下内容。

（1）体检：大学生体质健康管理机制的第一步是进行体检，以了解学生的身体状况。体检内容通常包括身高、体重、BMI、血压、血糖等基本指标，以及视力、听力、心肺功能等更详细的检查。通过体检，可以发现并及早预防一些潜在的健康问题。

（2）体测：通常的体测项目包括 50 米 /100 米跑、引体向上、立定跳远、肺活量、柔韧性等，这些项目可以全面地反映出学生的身体素质水平。体测结果可以作为制订个性化健康管理方案的依据。

（3）健康管理：大学生体质健康管理机制通过健康管理来帮助学生提高身体素质，预防和管理疾病。具体来说，健康管理包括提供健康教育、制订个性化的健康计划、监测运动状态、管理饮食等服务。通过健康管理，可以提高学生的身体素质水平，预防一些慢性病。

（4）数据分析：大学生体质健康管理机制通过数据分析来评估学生的身体素质水平，并根据数据分析的结果制订个性化的健康管理计划。通过数据分析，可以及时发现学生的身体素质问题，提出针对性的解决方案。

总之，大学生体质健康管理机制是一套系统的健康管理方案，通过体检、体测、健康管理和数据分析等环节，帮助学生全面地了解自己的身体状况和身体素质水平，提供个性化的健康管理服务，促进健康生活方式的形成。

一、高校大学生健康管理的问题分析

高校体育健康管理的问题主要包括以下几个方面。

（1）缺乏有效的健康管理体系：一些高校缺乏健康管理的规范制度，缺乏科学、系统的健康管理模式，导致学生的健康管理工作无从下手。

（2）缺乏专业的体育指导：大部分高校缺乏专业的体育指导教师，对于学生的身体不能够进行科学的指导。

（3）健康管理宣传不足：一些高校对于健康管理的宣传不足，缺乏有效的宣传手段，导致学生对于健康管理的认识不够深入，不能够主动参与健康管理。

（4）缺乏专业的医疗保健机构：一些高校缺乏专业的医疗保健机构，学生在出现健康问题时得不到及时、有效的治疗，影响了学生的身体健康。

（一）高等教育育人理念存在误区

我国高度重视教育改革。教育是大学的使命，高素质人才是衡量高等教育水平的关键指标。新时期的高等教育质量不仅体现在知识和能力水平上，还体现在身体健康上。然而，中国对高等教育的理解仍存在误解。教育部设立了国家奖学金和优秀大学毕业生等荣誉人士，强调智力教育，而忽视体育和道德教育。中国的高等教育植根于传统教育理念。转变教育观念、改革教育体制、提高教育质量是中国高等教育亟待解决的问题。

（二）高校的健康管理浅尝辄止

我国高校领导对健康管理存在认知误区，文化教育和体育教育的分布不均衡，体育教育只在大学一年级和二年级设立。体育教育非常单调，甚至教师给学生“行动自由”，不利于改善他们的身体状况。大学缺乏专门从事健康管理的全职工作人员，削弱了人们对体育运动的热情。

（三）学生的自我管理能力薄弱

部分大学生生活方式不健康，处于半健康状态。很少有学生定期进行体育锻炼。许多学生身体状况不佳，面对复杂的人际关系、竞争、压力、父母期望,他们很难表达自己的感受。这会导致不同程度的身心疾病,甚至极端行为。

二、高校大学生自我健康管理的引导机制

(一)教育部应彻底革新育人制度

教育部应重新树立教育理念,对高等教育体系进行重大调整和根本改革,提出培养当代人才的想法,并建立科学合理的人才选拔制度。教育部必须明确规定,高校应严格实施新制度,将体育改革纳入员工培训计划,重新设计课程,增加体育教育,加强体育教学。

同时,大学领导应关注学生的整体发展,并应由相关部门监督,以促进积极锻炼。高等教育需要从根本上改变思维,改变传统观念,重新考虑建设独特的健康管理体系,将体育与健康管理相结合。

(二)高校应充分重视健康管理

高校对健康管理重视不够,应该意识到为社会培养高素质人才的责任。尽管社区、家庭和学生都有责任,但学校是最重要的。大学应提供专业的教师队伍,继续开设理论和实践课程,传播健康管理领域的知识,整合健康管理领域资源,加强健康管理。同时,高校应改革教学模式,努力实现课堂内外互动,创新教学动机,实现体育理论与实践的有机融合。

身心健康管理不仅意味着要满足共同需求,还要考虑到个体差异。体育和健康管理应以人为本,因人而异。体育教育工作者应根据学生不同的身体状况建立档案,并在各个层面进行体育和健康管理。为不同体质的学生开设不同体育项目,鼓励他们积极运动,调动他们对体育的兴趣和热情。

(三)学生应积极进行自我管理

学生应意识到自我管理的重要性,制订全面的学习和生活计划,自

觉制订周计划、月计划、学期计划和年度计划。应该有一些详细可行的计划,比如每周7天的计划,为几周的体育锻炼、在球场上跑步或去健身房设定一个具体的自然时间表。本学期计划进行全面的身体检查、定期的身体和心理检查、检查和分析身心状况、进行健康管理、自我审查和自我评估。大学生应具有强烈的自律意识和自我反思意识,进一步加强自我管理,提高应对逆境的能力,对自己的生活负责。

三、可参考的管理经验分析

为了确保管理模式的科学性和正确性,促进管理的顺利进行,可以在为学生构建身体健康管理模式之前,研究和分析当前的管理经验,以满足实际建设的要求。

PDCA循环分析管理模型,也称为质量环、戴明环,是由美国质量管理专家爱德华·德明开发的一种通用管理模式,旨在提高产品质量。PDCA课程介绍了质量管理的一般程序。全面质量管理活动是制订和实施质量管理计划的过程,该计划在PDCA循环中实施并持续运行。

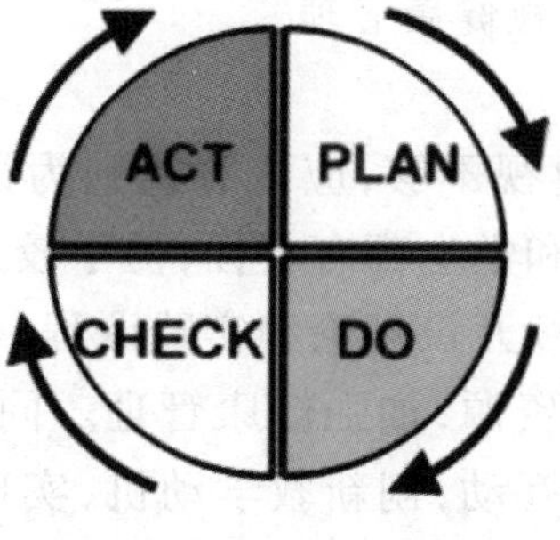

图8-4 戴明环示意图

(一)闭环管理理论

闭环管理是一种结合闭环系统、信息系统和控制系统的质量管理方法。通过构建电路系统、增强连续闭环形式的子系统、保持各种系统活动的相同平衡点,从而实现质量管理的快速反馈,促进在反馈、控制、决策、解决问题和改进质量的良性循环。

（二）完善高校学生健康管理制度

改善学生的整体健康是建立健康管理模式的主要目标。健康促进是指采取一些措施来促进健康，改善健康行为环境，提高学生解决健康问题的能力，改善健康状况。

制度是实施学生健康管理措施的基础。高校必须首先根据相关文件内容和具体情况，为学生建立具有学校特点的身体健康管理系统，并创建官方文件以确保系统的科学性和有效性。学生健康管理体系的内容应主要包括部门和机构的责任、分工以及学生健康管理的具体方法。

环境支持是指影响大学生身心发展的所有环境条件，这是学生健康成长的重要基础。根据其特点，可分为软环境和稳定环境。“软环境”是指影响高校发展进程的因素，包括学校精神、学校标志、教师职业道德。稳定的环境是大学的目标要求，包括教育资源、学习环境、教学和管理。改善健康管理体系，营造良好的支持环境，是学生身心发展的基础，也是健康管理的先决条件。

（三）制订科学的健康测试方案

健康测试计划是对学生进行健康监测的具体方案，其内容应包括组织结构、考试流程、职能和职责，以及适当的管理方法。健身和健康监测设备必须按照相关标准进行适当准备和安排面试。考试参与者应在正式考试前接受培训。每个过程都必须按照程序规定进行，整个过程必须由专人监督。

体能测试包括身体质量指数、身体功能指数和体能指数三个方面。体型包括身高、体重、身体轮廓等。身体功能包括血压、心率、视力等指标。体能指标包括力量、协调性和耐力，主要通过各种运动测试。

心理健康测试主要包括智力测试、性格测试和诊断测试，可用于测试学生的智力、性格、情绪和心理健康。

高校应及时汇总学生反馈信息，调整相关活动，帮助学生改善身体健康。例如，通过对所有学生的健身和健康数据进行统计分析，可以确定学生的实际健康状况，找出薄弱环节并调整课程。大学应坚持“以学生为中心”的管理原则，深入了解学生的实际成长需求，提高健康管理的效率和质量。

（四）优化健康管理评价

高校体育教学评价主体是影响评价活动效果的主要因素，涉及学校、教师、学生及家长四个方面，如通常学生并没有真正参与到评价活动中，评价活动难以体现学生的主观思维及意志；家长对子女的体育素养发展及表现具有绝对发言权，因此，高校要设计科学的家长参评制度，让他们参与到校内的体育教学评价活动之中；学校要从学生整体角度出发，评价教学过程、教学质量、教学结果，以充分发挥监管督促作用；教师要系统评价学生的情感态度、价值观及知识掌握情况，根据评价反馈优化调整课堂教学。高校体育教学评价要重视学生的主体性，加深学生对体育活动的认知，进而形成稳定持续的参与动机，培养学生终身体育锻炼的习惯。高校体育教学评价要重视家长主体，提升家长对高校体育教学的关注度，让家长发挥监督作用，促使高校体育教学质量稳步提升。高校体育教学评价主要功能在于诊断教学问题，需要根据评价对象的差异，运用不同的标准予以衡量。在评价的过程中，高校要构建多维评价主客体系统，关注评价客体多维性特征，即学生的体质状况、兴趣特征等，将他们划分为不同组别再开展针对性评价活动。

第四节　大学生体育锻炼的科学指导

体育锻炼有助于人体生理和心理向更积极更健康的方向发展，因此，体育锻炼受到社会各界的广泛重视。2020 年 9 月 22 日，习近平总书记在教育文化卫生体育领域专家代表座谈会上指出，要加快体育强国建设，要坚持健康第一的教育理念，推动青少年文化学习和体育锻炼协调发展，帮助学生在体育锻炼中享受乐趣、增强体质、健全人格、锻炼意志。大学阶段是青少年向成年转变的关键过渡时期阶段，体育锻炼是大学生身心健康的重要保障。大学生是国家的未来和民族的希望，加强大学生群体的体质健康对体育强国建设及实现中华民族伟大复兴中国梦都具有重大意义。关于体育锻炼的研究文献主要包括以下几个方面：体育锻炼的动机、体育锻炼状况（如拖延、坚持）以及特定群体的体育锻炼情况（如特定地域、青少年、高中生、师范生、女性等）。李静和李卓翰运用实证方法研究发现我国大学生群体普遍存在相当严重的体育锻炼拖延行为，导致大学生锻炼拖延的影响因素包括锻炼体验与期望、个体行为习惯、体育教学等方面；刘进等以初中独生子女为研究对象，发现初中独生子女与非独生子女在锻炼动机上存在显著差异，锻炼动机中的能力动机和乐趣动机显著低于非独生子女群体，外貌动机和社交动机显著高于非独生子女群体；刘强和张一桥运用二项分类 Logistic 回归模型，研究我国居民体育锻炼参与的影响因素，研究发现年龄、就业情况、城乡居住地对体育锻炼参与有显著的影响，并且经济状况、教育程度、健康状况和幸福感对体育锻炼参与有正向影响关系，仅有工作时间对体育锻炼参与有负向影响关系。

实际上，大学生群体的体育锻炼行为并非受到单一因素驱动，主客观因素、特定环境因素，以及同伴关系均可能产生影响。

大学生体育锻炼的科学指导应该包括以下几个方面。

（1）锻炼频率：大学生每周应至少进行 3 次有氧运动和 2 次无氧运动，每次锻炼时间不少于 30 分钟。

（2）锻炼强度：根据个人体能和锻炼目的，选择适当的运动强度。有氧运动强度建议控制在心率的 60%~80% 之间。

（3）锻炼方式：可以选择跑步、游泳、健身操、瑜伽等多种运动方式，根据自身兴趣和身体状况合理选择。

（4）饮食：合理的饮食可以增强锻炼效果，建议多摄入富含蛋白质和碳水化合物的食物，并控制脂肪和糖的摄入量。

（5）休息：锻炼后要及时休息，充分恢复体力和精神状态。同时，要保持良好的睡眠习惯，每晚 7~8 小时的睡眠时间是必要的。

总之，大学生要根据自身情况科学合理地进行体育锻炼，遵循适度、循序渐进的原则，坚持长期锻炼，才能取得良好的效果。

一、影响大学生体育锻炼的因素

（一）思想观念因素

大学时期是人生中重要的阶段之一，不仅需要学业上取得成就，还需要关注身心健康发展。然而，在现代社会中，大学生的课业负担越来越重，很多同学缺乏充分的意识和动力去进行课外体育锻炼。下面将探讨影响大学生体育锻炼的因素之一——思想观念因素。

大学生在接受教育的过程中，随着知识的增加，更应该认识到体育锻炼对身心健康的重要性。然而，一些学生对体育仅仅停留在课堂上的学习，缺乏对其实际价值的深刻认识。这种思想观念上的偏差可能导致对课外体育锻炼的积极性不高。

现代大学生面临着繁重的学业压力，加之其他社交、兼职等方面的事务，使得时间管理成为一项重要的能力。然而，一些同学可能将课外体育锻炼排在次要位置，而将更多时间用于学习或其他事务上。这种优先级安排上的偏差也是大学生体育锻炼思想观念偏差的表现之一。

社会上关于外在形象的审美观念对大学生的影响不容忽视。一些同学可能过度关注自己的外貌和体重，而忽视了身心健康的重要性。他们可能认为体育锻炼只是为了减肥或变得更加苗条，而忽略了体育锻炼对增强体质、提高免疫力和塑造积极心态的作用。这种身体形象与自我认同感上的失衡也是一种思想观念上的因素。

要鼓励大学生积极参与课外体育锻炼，需要从思想观念上引导他们重新认识体育锻炼的价值。教育部门和各高校可以通过开设相关的健康教育课程，加强学生对体育锻炼的认知与理解。同时，大学生也需要调整自己的时间安排，合理分配时间进行体育锻炼。最重要的是，塑造积极健康的身体形象和自我认同感，将体育锻炼作为一种促进身心健康的方式。

（二）学校、家庭因素

学校和家庭是学生进行体育锻炼的重要影响因素。一些学校和家庭没有个人体育锻炼的基本条件，学生需要单独寻找他们最喜欢的运动场所。随着时间的推移,他们会对课外体育活动失去兴趣和热情。

二、大学生课外体育锻炼指导策略

(一)政策引领、制度先行

国务院和教育部发布了一系列关于学生身体状况持续恶化、不愿参加体育锻炼以及肥胖率和近视率高的报告。逐步将体育纳入中等教育入学考试,并更新评估体系文件。坚持以学生为中心,形成课堂内外体育锻炼示范管理体系;加强学生的导向和教育观念,使他们充分认识到课外运动是不一样的。只有通过精心策划、组织、领导、协调、监督、反馈等,才能科学准确地开展体育活动,提高学生参与的积极性。

(二)内外结合、加强督导

更新教学内容,选择不同的体育教育形式和方法,促进体育与游戏的融合,深化管理体制改革,以及将课外体育锻炼纳入一个新的教学评估体系。努力引导学生,每天至少参加一小时的课外体育活动。通过在线教育、反馈、检查、监控、评价、奖惩等环节,搭建"互联网+体育"的大平台,打造完整的督导体系。

(三)增设课外体育锻炼内容

学生人数众多,性格差异显著。学生有广泛的兴趣和爱好,并参加各种课外体育活动。一些学生参加课外锻炼,希望能减肥,达到塑身效果;一些学生希望锻炼身体,改善身体状况。结合实际,在激发各种运动需求的过程中,有必要扩大课外体育训练项目,以满足学生的训练需求。应充分利用体育场馆现有的物质资源,使学生能够以有趣的方式参与各种课外体育活动。

学校应加强体育资源建设,增加登山、滑雪、跳绳和山区户外活动等新内容。这将帮助学生积极参与课外体育锻炼,改善健康,养成终身锻炼习惯,培养意志力和信念。此外,有必要利用校园附近的公园、草坪和广场等体育设施，以满足学生的课外体育锻炼需求。

体育教师一方面应专门支持课外体育活动，为学生组织体育活动。另一方面，为学生提供安全的体育设施，让他们热爱体育锻炼。

（四）以兴趣、互动性为引导

指导学生课外体育进行锻炼时应该关注他们的兴趣。体育活动后的辅导以学生的兴趣为基础。制订和实施体育活动的指导方针可以鼓励学生积极参与体育活动，从而促进健康。一方面，基于体育教育模式，了解学生对体育活动的兴趣。例如，通过问卷调查的方法了解学生的兴趣。另一方面，许多体育项目，包括篮球、体操、瑜伽、跆拳道都有很好的锻炼价值。在课外体育活动中，应加强对这些体育活动的指导，以便学生能够践行“健康第一”的理念。

此外，在指导大学生课外参与体育活动时，还应遵循师生互动的原则，以提高学生的参与热情。互动是在素质教育理念框架下提出的一种理念，可以加强教师、学生和学生之间的沟通，从而提高体育锻炼的有效性。在课后体育活动中，教师可以帮助学生根据自己的兴趣开展合作活动，使他们共同参与体育活动。

（五）提高现代化体育管理水平

一方面，体育教师可以使用互联网平台为学生提供个性化指导。根据学生的不同健身水平，准确指导可以帮助学生进行更科学的课外锻炼，帮助他们解决课外体育锻炼问题。

另一方面，使用微信、QQ、抖音和体育锻炼平台。根据学生对我的知识和技能的接受程度不同，教师应该合理地动员学生，并在学生不同级别采取不同形式的指导方法。同一水平的学生放学后应该进行一系列锻炼。小组成员必须相互交流并参加体育锻炼，从而减轻教师的压力。

在高校教育质量改革的背景下，我们呼吁全面培养学生的道德、智力、健康体质。然而，由于教学的时间有限，很难培养学生良好的体育锻炼习惯，改善他们的身体健康。因此，应继续扩大课外体育锻炼的范围，加强对体育锻炼的监督，建立准确的评估体系，为学生提供科学建议，鼓励学生自愿参加课外体育锻炼，不断提高身体健康水平。

三、运动健身APP对大学生体育锻炼的影响

(一)有助于提高学生身体素质

大学生之所以体质下降受多种因素影响：其一，大学生活有别于高中生活。高中生活学习时间紧张，学校娱乐活动单一枯燥，且学生作息时间基本一致，易引发学生参与体育锻炼的从众心理。而大学生活更需要大学生本身的自律性，不同专业甚至不同班级的学生作息均有不同，学生很难找到与自己作息相同的伙伴，加之大学娱乐活动丰富多彩，致使越来越少的学生能够主动参与体育锻炼。其二，大学生学习压力相对较小。进入大学之前学生的主要目标是学习文化知识，面临着紧张的升学压力。进入大学以来，学生学习时间充足升学压力小。余暇时间学生更多地选择待在宿舍休息或者参加轻松吸引性强的活动。其三，大学生体育锻炼缺乏监督。大学生活更多地体现学生的自主性，失去学校体育锻炼的有效监督，大学生参与体育锻炼的频率变得更低。运动健身APP打破了时间和空间的限制，帮助大学生利用琐碎时间完成体育锻炼。运动健身APP通过用户设置的运动需求，向用户提供体育锻炼方案供用户选择。用户通过运动健身APP可以获悉当日运动人数、运动状况等信息，以激励自己参与体育锻炼。运动健身APP的新颖性也进一步吸引用户参与体育锻炼，提高参与体育锻炼的兴趣。

(二)进一步延伸体育课堂教育

传统体育知识和技能的学习主要集中在体育课上，学习时间只是体育课堂的90分钟，教学方式也只能由体育教师进行示范教学。学习内容根据教学大纲而定，教学质量也只能由授课教师知识技能水平决定。学生体育锻炼负荷只能由体育教师根据班级全体学生都能接受的负荷进行锻炼，由于学生的生理状况的差异，课堂上的负荷并不能完全满足每一位学生的锻炼需要。在集体授课中教师无法兼顾到每一位学生的技能学习情况，学生技能的学习也会受整体学习进度的影响。体育锻炼

不只是仅仅存在于体育课堂上,而是贯穿于学生的整个生活。运动健身APP弥补了传统体育教学的不足,学生可以通过运动健身APP的技能学习功能向国内以及国外著名教练学习相应的知识技能。学生可以利用运动健身APP进一步巩固课堂上所学知识,解决课堂上遗留的问题。运动健身APP的监督、记录功能可以帮助学生了解自己的锻炼状态,教师也可以收集查看学生的运动状况。学生通过运动健身APP可以提前学习新知识,课后巩固所学知识,从而提升课堂教学效果。

(三)丰富校园文化生活

高校是大学生文化生活的主要阵地,是大学生丰富文化生活的主要交流平台。物质文化、制度文化、精神文化、运动健身APP从娱乐和社交的角度开启了全新的体育锻炼新局面。

四、运动健身APP在大学生体育锻炼中的发展策略

(一)在多个平台上开发利用

提升互联网运动软件在学校校园中的应用,如在微信、微博等平台上与健身APP关联用在体质健康测试中、校园百公里打卡中。虽然有些APP利用微信、微博等推广健身类APP,但是没有专业性、针对性的训练系统,可以选择性地添加成套运动项目,如跑步类项目可选择性地添加运动前热身、运动中频率、运动后拉伸等成套的、系统的动作。对于返回界面就不能播放视频的可以利用添加浮窗的形式进行。

(二)加强监督力度

对于摇一摇、甩一甩就能监测步数的情况,可以采用增加监测路线或图片、视频等方式,制止此类情况的发生;也可以对APP进行升级管理,提高软件内部技术,通过优化软件技术从而加强监督力度。

（三）打破传统教学模式

打破传统教学模式，在 APP 上可选择高校的体育知识学习，另外根据私人订制的运动处方、提供运动建议、运动饮食等，通过对用户身体状况和运动状况的分析，设置科学的运动处方，拓展软件功能。

（四）数据精准化

在 APP 上设置个人体质监测表，通过感应分析出每一个人的身体成分，从而推荐合理的锻炼方式以及免费的运动处方设计，对训练项目的数据进行分类，以便于用户查找每周或每月的体能训练数据或力量训练数据等。对于 APP 内动作更新缓慢，可在 APP 内建立动作数据库。

参考文献

[1] 董波 . 高校体育管理研究 [M]. 西安：西安交通大学出版社，2017.

[2] 张瑞林，闻兰，黄晓明 . 普通高等学校体育课程建设理论与实践 [M]. 北京：北京体育大学出版社，2005.

[3] 张劲松，张树巍 . 高校体育管理理论与实践 [M]. 沈阳：东北大学出版社，2016.

[4] 曹飞 . 基于全面质量管理理论的高校体育教学质量保障体系研究 [J]. 陕西科技大学学报，2012，(4)：144–147.

[5] 陈业 . 当前我国高校体育管理模式的相关研究 [J]. 当代体育科技，2014，(36)：201–202.

[6] 杨耿胤 . 大学生课外体育锻炼指导策略 [J]. 佳木斯职业学院学报，2022，(1)：152–154.

[7] 王剑，柳齐齐 ."健康中国"背景下高校体育改革与发展 [J]. 湖北体育科技，2017，36（7）：625–627.

[8] 马德浩 . 新时代我国高校体育发展的使命、挑战与对策 [J]. 体育学刊，2018，25（5）：5–12.

[9] 魏强 . 高校体育课堂教学方法的多元化与创新策略 [J]. 赤峰学院学报（自然科学版），2016，32（6）：188–190.

[10] 戴显鹏 . 高校体育教学改革研究 [J]. 教育理论与实践，2018，38（9）：63–64.

[11] 徐成立，罗秋兰，孙军，等 . 高校体育课程思政建设现实困境与优化策略 [J]. 体育文化导刊，2021（9）：98–104.

[12]《中国学校体育发展报告》编写组 . 中国学校体育发展报告(2017—2018)[M]. 北京：高等教育出版社，2020.

[13] 蔡晓红 . 新时期高校体育教育改革的历史回顾与思考 [J]. 广州体育学院学报，2011，31(3)：117-120

[14] 教育部：2020 年中小学肥胖率超 10%，约 3 成大学生体质健康不及格 [EB/OL].(2021-04-24)[2021-08-12].https：//www.163.com/dy/article/G8C3CFJO05506BEH.html.

[15] 卢家楣，徐雷，蔡丹 . 当代大学生道德情感现状调查研究 [J]. 教育研究，2016(12)：54-61.

[16] 曹卫东 . 新时代中国体育教育改革创新研究 [J]. 体育文化导刊，2019(2)：6.

[17] 张一璠 . 高校课程思政中的思政元素挖掘梳理论析 [J]. 内蒙古农业大学学报(社会科学版)，2020(6)：38-42.

[18] 于素梅，许弘 .《教学改革指导纲要(试行)》解读 [J]. 首都体育学院学报，2021，33(4)：374.

[19] 宋大维 . 北京市中学生体育伤害事故研究 [D]. 北京：北京体育大学，2004.

[20] 纠延红 . 普通高校体育教学安全问题研究 [J]. 体育文化导刊，2010(10)：114-116.

[21] 刘勇新 . 高校公共体育教学改革与大学生安全保障问题研究 [J]. 南京体育学院学报，2006(6)：99-103.

[22] 王勇 . 大学生体育运动伤害事故规避 [D]. 成都：四川大学，2005.

[23] 殷晓鑫 . 高校公共体育课安全事故的预防 [J]. 赤峰学院学报(自然科学版)，2012，28(2)：193-194.

[24] 张笑昆，陶成 . 高校体育教学与生命安全教育融合发展的可行性研究 [J]. 哈尔滨体育学院学报，2014，32(2)：62-65.

[25] 吴卫 . 高校公共体育教学中的安全问题 [J]. 贵州民族学院学报(哲学社会科学版)，2011，(4)：158-160.

[26] 符拾熊 .《基本标准》视角下高校体育工作的再探究 [J]. 当代体育科技 . 2018，8(28)：102-103.

[27] 符拾熊 . 体育教育发展与休闲体育管理的关系探究 [J]. 运动 . 2018（17）: 90–91.

[28] 王建，唐炎 . 关于深化高校公共体育教学改革的探讨——基于 4 个个案的思考 [J]. 体育学刊，2018，25（3）: 79–84.

[29] 陈蕾 . 高校体育教学现状及改革完善对策研究 [J]. 当代体育科技，2020，10（12）: 2–3.